U0061351

總體國家安全觀學習綱要

中共中央宣傳部
中央國家安全委員會辦公室

書　　名	總體國家安全觀學習綱要	
著　　者	中共中央宣傳部	
	中央國家安全委員會辦公室	
出　　版	三聯書店（香港）有限公司	
	香港北角英皇道 499 號北角工業大廈 20 樓	
發　　行	香港聯合書刊物流有限公司	
	香港新界荃灣德士古道 220-248 號 16 樓	
印　　刷	美雅印刷製本有限公司	
	香港九龍觀塘榮業街 6 號 4 樓 A 室	
版　　次	2022 年 9 月香港第一版第一次印刷	
規　　格	特 16 開（148 mm × 210 mm）160 面	
國際書號	ISBN 978-962-04-5070-9	

© 2022 三聯書店（香港）有限公司

Published & Printed in Hong Kong

目　　錄

總體國家安全觀是新時代國家安全工作的根本遵循和行動指南

(1) 二〇一四年四月十五日，習近平總書記在中央國家安全委員會第一次會議上，創造性提出總體國家安全觀，為新時代國家安全工作提供了強大思想武器。黨的十九大將堅持總體國家安全觀納入新時代堅持和發展中國特色社會主義的基本方略，並寫入黨章，反映了全黨全國人民的共同意志。總體國家安全觀是我們黨歷史上第一個被確立為國家安全工作指導思想的重大戰略思想，是習近平新時代中國特色社會主義思想的重要組成部分，是當代中國對世界的重要思想理論貢獻。

(2) 總體國家安全觀根植於中國特色社會主義新時代。時代是思想之母，實踐是理論之源。進入新時代，面對百年大變局、世紀大疫情、復興大跨越，我國國家安全形勢發生重大變化。當前，世界進入動盪變革期，國際戰略格局、全球治理體系、綜合國力競爭深刻複雜演變，不穩定性不確定性顯著上升，危和機同生共存。中華民族偉大復興進入關鍵階段，面臨難得的機遇，具有根本政治保證、堅實物質支撐、強大精神力量、牢固群眾基礎。同時，外部環境更趨複雜嚴峻，傳統安全和非傳統安全問題交織互動，各種風險挑戰前所未有，人民群眾安全需求更趨強烈更加多元，對國家安全提出更高要求。新一輪科技革命和產業變革加速演進，推動國家安全鬥爭手段、方式發生革命性變化，提出許多新挑戰新問題。推進國家安全體系和能力現代化，解決長期積累的體制性障礙、結構性矛盾、政策性問題，築牢全面建設社會主義現代化國家安全屏障，任務艱巨繁重。總體國家安全觀正是在對時代發展大勢的深邃思考，對堅持和拓展中國特色國家安全道路的不懈探索中創立並不斷發展的。

(3) 總體國家安全觀繼承了我們黨維護國家安全的理論成果和實踐經驗，體現了中華文化底蘊、彰顯了中華民族風骨。

我們黨誕生於國家內憂外患、民族危難之時，對國家安全的重要性有著刻骨銘心的認識，始終把維護國家安全工作緊緊抓在手上。新中國成立後，以毛澤東同志為主要代表的中國共產黨人，將保衛新生的人民民主政權，維護國家獨立、主權和領土完整作為國家安全工作的首要任務，戰勝了帝國主義、霸權主義的侵略、破壞和武裝挑釁，勝利進行了保衛祖國邊疆的鬥爭，獨立研製出"兩彈一星"，恢復了我國在聯合國的一切合法權利，提出了和平共處五項原則、"三個世界"劃分等戰略思想。改革開放以來，我們黨毫不動搖堅持四項基本原則，堅決排除各種干擾，有力應劇變、平風波、穩邊疆、戰洪水、防疫情、抗地震、化危機，實現香港、澳門順利回歸，推動海峽兩岸關係打開新局面，保持了社會大局長期穩定，為改革開放和社會主義現代化建設創造了良好安全環境。以鄧小平同志為主要代表的中國共產黨人，作出和平與發展是當今時代主題的重大判斷，強調中國的問題壓倒一切的是需要穩定，提出國家主權和安全要始終放在第一位等戰略思想。以江澤民同志為主要代表的中國共產黨人，作出我國發展處於重要戰略機遇期的科學判斷，積極促進世界多極化和國際關係民主化，提出互信互利平等協作的新安全觀等戰略思想。以胡錦濤同志為主要代表的中國共產黨人，緊緊抓住和努力維護國家發展重要戰略機遇期，堅持走和平發展道路，提出實施互利共贏的開放戰略等戰略思想。

總體國家安全觀汲取了中華優秀傳統文化的精髓。中華民族重大的歷史進步，多是在一些重大風險爆發之後，在艱難困苦中歷練取得的。敢於直面風險、戰勝風險，是中華民族和中國人民的強大基因，是中華文化、中國精神的精華。中華優秀傳統文化中蘊含著豐富的國家安全戰略思想，如強調憂患意識，"安而不忘危，存而不忘亡，治而不忘亂"；注重民本思想，"民惟邦本，本固邦寧"；倡導和平共處，"和衷共濟"、"和合共生"；主張講信修睦，"親仁善鄰，國之寶也"；力求內外兼顧，"內事文而和，外事武而義"；重視剛柔並濟，"方而又剛，柔而又圓，求安難矣"；推崇張弛有度，"文武之道，一張一弛"；等等。這為總體國家安全觀的形成提供了豐厚的文明滋養。

(4) 總體國家安全觀推動中國特色國家安全理論和實踐實現歷史性飛躍。黨的十八大以來，以習近平同志為主要代表的中國共產黨人，把馬克思主義國家安全理論和當代中國安全實踐、中華優秀傳統戰略文化結合起來，順應時代發展，系統回答了中國特色社會主義進入新時代，如何既解決好大國發展進程中面臨的共性安全問題，同時又處理好中華民族偉大復興關鍵階段面臨的特殊安全問題這個重大時代課題，創造性提出了總體國家安全觀。總體國家安全觀是馬克思主義國家安全理論中國化的最新成果，是中國共產黨和中國人民捍衛國家主權、安全、發展利益百年奮鬥實踐經驗和集體智慧的結晶，在我們黨的歷史上第一次形成了系統完整的國家安全理論，標誌著我們黨對國家安全基本規律的認識達到了新高度。

中國特色社會主義進入新時代，習近平總書記強調保證國家安全是頭等大事，親自擔任中央國家安全委員會主席，親自謀劃、親自部署、親自指揮，發表一系列重要講話、作出一系列重要指示，不斷豐富和發展總體國家安全觀。二〇一八年四月，習近平總書記在十九屆中央國家安全委員會第一次會議上進一步闡述了總體國家安全觀，提出堅持人民安全、政治安全、國家利益至上的有機統一，堅持維護和塑造國家安全等重大論斷。二〇二〇年十月，黨的十九屆五中全會強調牢牢守住安全發展底線，首次把統籌發展和安全納入"十四五"時期我國經濟社會發展的指導思想，歷史性地用專章對築牢國家安全屏障作出戰略部署。二〇二〇年十二月，習近平總書記在主持十九屆中央政治局第二十六次集體學習時，對總體國家安全觀作出全面、系統、完整的論述，闡明了新時代國家安全工作的總體目標，提出"十個堅持"的工作要求。二〇二一年十一月，黨的十九屆六中全會突出強調"兩個確立"，系統總結新時代維護國家安全取得的重大成就和寶貴經驗，為新征程上貫徹總體國家安全觀、做好國家安全工作提供了基本遵循。

在以習近平同志為核心的黨中央堅強領導下，在總體國家安全觀的科學指導下，新時代國家安全工作取得歷史性成就，實現了分散到集中、遲緩到高效、被動到主動的歷史性變革。黨著力推進國家安全體系和能力建設，設立中央國家安全委員會，黨中央的集中統一領導全面加強，國家安全體系基本形成，國家安全能力顯著提升，人民防線不斷鞏固，全民國家安全意識顯著增強。堅定維護政權安全、制度安全、意識形態安全，頂住和反擊外部極端打壓遏制，推動香港局勢實現由亂到治的重大轉折，深入開展涉台、涉疆、涉藏、涉海等鬥爭，穩步推進興邊富民、穩邊固邊，妥善處置周邊安全風險，反滲透反恐怖反分裂鬥爭卓有成效。黨把安全發展貫穿國家發展各領域全過程，防控經濟金融風險取得重大進展，關鍵核心技術攻關取得重要進展，掃黑除惡專項鬥爭取得勝利，生態環境保護發生歷史性、轉折性、全局性變化，妥善應對重大自然災害，統籌疫情防控和經濟社會發展，網絡、數據、人工智能、生物、太空、深海、極地等新型領域安全能力持續增強，有力應對海外利益風險挑戰。國家主權、安全、發展利益得到全面維護，社會大局保持長期穩定，我國成為世界上最有安全感的國家之一。

習近平總書記是總體國家安全觀的創立者。面對新時代國家安全形勢的重大變化尤其是來自外部的各種圍堵、打壓、搗亂、顛覆活動，習近平總書記深刻指出，必須發揚不信邪、不怕鬼的精神，同企圖顛覆中國共產黨領導和我國社會主義制度、企圖遲滯甚至阻斷中華民族偉大復興進程的一切勢力鬥爭到底。在領導全黨全國人民進行具有許多新的歷史特點的偉大鬥爭中，習近平總書記以“我將無我，不負人民”的領袖情懷，應時代之變遷、立時代之潮頭、發時代之先聲，提出一系列具有原創意義的新理念新思想新戰略，為創立和發展總體國家安全觀發揮了決定性作用、作出了決定性貢獻。

總體國家安全觀，集中反映了習近平總書記深邃的政治智慧、非凡的鬥爭藝術、傑出的領導才能，是新時代國家安全的制勝之道。這一思想，堅持馬克思主義國家安全理論，圍繞發展和安全、獨立自主和對外開放、維穩和維權、秩序和活力等重大命題，深刻把握人民安全、政治安全、國家利益至上的關係，作出一系列創造性闡發，為我們從政治上全局上認識和把握國家安全提供了根本指導；發揚鬥爭精神，與時俱進創新國家安全鬥爭藝術，強調統籌維護和塑造國家安全，打人民戰爭、總體戰，為我們始終把握國家安全工作主動權提供了策略方法；秉承馬克思主義政黨本色，彰顯強烈使命擔當、鮮明人民立場、深沉憂患意識、宏大戰略思維、卓越創新精神，立起了新時代中國共產黨人做好國家安全工作的行為準則。這些是總體國家安全觀活的靈魂，是深刻理解和全面把握總體國家安全觀的金鑰匙。

(5) 總體國家安全觀內涵豐富、思想深邃，是一個系統完整、邏輯嚴密、相互貫通的科學理論體系。

總體國家安全觀的關鍵是"總體"。強調大安全理念，涵蓋政治、軍事、國土、經濟、金融、文化、社會、科技、網絡、糧食、生態、資源、核、海外利益、太空、深海、極地、生物、人工智能、數據等諸多領域，而且將隨著社會發展不斷動態調整。強調做好國家安全工作的系統思維和方法，加強科學統籌，做到統籌發展和安全、統籌開放和安全、統籌傳統安全和非傳統安全、統籌自身安全和共同安全、統籌維護國家安全和塑造國家安全，著力解決國家安全工作不平衡不充分的問題。強調國家安全要貫穿到黨和國家工作全局各方面、各環節，絕非某一領域、單一部門的職責，必須把安全和發展置於同等重要地位，同步決策部署，同樣積極落實。強調打總體戰，形成匯聚黨政軍民學各戰線各方面各層級的強大合力，全社會全政府全體系全手段應對重大國家安全風險挑戰。

總體國家安全觀的核心要義，集中體現為"十個堅持"：堅持黨對國家安全工作的絕對領導，堅持中國特色國家安全道路，堅持以人民安全為宗旨，堅持統籌發展和安全，堅持把政治安全放在首要位置，堅持統籌推進各領域安全，堅持把防範化解國家安全風險擺在突出位置，堅持推進國際共同安全，堅持推進國家安全體系和能力現代化，堅持加強國家安全幹部隊伍建設。

"一個總體"、"十個堅持"有機融合、有機統一，凝結著我們黨堅持和發展中國特色國家安全的寶貴經驗，反映了以習近平同志為核心的黨中央對國家安全工作規律性認識的深化、拓展、升華，體現了理論與實踐相結合、認識論和方法論相統一的鮮明特色。

(6) 總體國家安全觀經受住了關係我國改革發展穩定全局的重大風險考驗，顯示出強大生命力，在新時代黨和國家工作全局中具有重大而深遠的意義。

總體國家安全觀深化了我們黨對中國特色社會主義建設規律的認識，為發展馬克思主義國家安全理論作出了重大原創性貢獻。總體國家安全觀，堅持馬克思主義立場觀點方法，運用總體戰略思維和寬廣世界眼光把握國家安全，在我們黨的思想譜系上第一次提出統籌發展和安全兩件大事，第一次明確將安全列為人民美好生活需要的重要內容，深刻揭示了中國特色國家安全的本質特徵，深入闡發了一系列具有原創性、時代性的重要觀點，不僅為國家安全工作提供了根本遵循，而且貫穿到黨和國家工作各方面全過程，為推動我國實現由大向強的歷史性飛躍提供了重要理論指引。

總體國家安全觀經過實踐檢驗、富有實踐偉力，為維護和塑造新時代國家安全提供了行動綱領。當前和今後一個時期，國家安全形勢嚴峻複雜，戰略壓力明顯加大，風險挑戰明顯增多，應對難度明顯提升。總體國家安全觀與新時代國家安全實踐相生相成、共進並行，承載著為實現中華民族偉大復興提供堅強保障的歷史使命，為我們在危機中育先機、於變局中開新局提供了安全戰略指引。在總體國家安全觀指引下，中國特色國家安全道路必將越走越寬廣，新時代國家安全事業前景無限光明。

總體國家安全觀提煉中華優秀傳統戰略文化，總結我們黨維護國家安全的理論和實踐成果，為堅持把馬克思主義基本原理同中國具體實際相結合、同中華優秀傳統文化相結合樹立了光輝典範。總體國家安全觀繼承和發揚中華優秀傳統文化，對新中國成立以來中央領導集體的國家安全戰略思想進行了科學總結，以新的視野、新的認識賦予新的時代內涵，並上升到統籌發展和安全、推動構建人類命運共同體的歷史新高度，在中國特色國家安全實踐中展現出強大的真理力量和獨特的思想魅力。

總體國家安全觀開闢了國家安全治理新路徑，為推動和完善全球安全治理貢獻了中國方案。總體國家安全觀蘊含著中國特色國家安全治理的價值理念、工作思路和機制路徑，為那些既希望維護社會安全穩定又希望保持自身獨立性的國家提供了重要借鑒。總體國家安全觀摒棄了零和博弈、絕對安全、結盟對抗等舊觀念，倡導共同、綜合、合作、可持續的全球安全觀，在國際上樹立起合作包容的國家安全理念，得到國際社會積極響應和廣泛認同。

(7) 實踐探索永無止境，理論創新永無止境。總體國家安全觀是一個不斷發展的開放的理論體系，必將隨著中國特色國家安全實踐的深入推進而豐富發展，必將指引中國人民創造更加偉大的奇蹟。

在當代中國，堅持和發展總體國家安全觀，就是真正堅持和發展馬克思主義國家安全理論，就是真正堅持和發展中國特色國家安全道路。必須全面貫徹落實總體國家安全觀，讓總體國家安全觀在新時代偉大鬥爭中綻放出更加燦爛的真理光芒！

一、國家安全是安邦定國的重要基石
—— 關於新時代國家安全的戰略地位

1. 保證國家安全是頭等大事

(8) 國家安全是國家生存發展的基本前提。國泰民安是人民群眾最基本、最普遍的願望，維護國家安全是全國各族人民根本利益所在。習近平總書記指出："實現中華民族偉大復興的中國夢，保證人民安居樂業，國家安全是頭等大事。" 沒有安全和穩定，一切都無從談起。如果安全這個基礎不牢，發展的大廈就會地動山搖。

(9) 中華民族有五千多年的文明歷史，創造了燦爛的中華文明，為人類作出了卓越貢獻，成為世界上偉大的民族。"國泰民安"、"睦鄰友邦"、"天下太平"、"天下大同" 等理念世代相傳。在世界工業革命如火如荼、人類社會發生深刻變革的時期，中國的封建統治者卻沒有睜開眼睛看世界，夜郎自大，喪失了與世界同進步的歷史機遇，變成落伍者，落到了被動挨打的境地。一八四〇年鴉片戰爭以後，西方列強在中華大地上恣意妄為，封建統治者屢弱無能，中國逐步成為半殖民地半封建社會，國家蒙辱、人民蒙難、文明蒙塵，中國人民和中華民族遭受了前所未有的劫難。

中國產生了共產黨，這是開天闢地的大事變，深刻改變了近代以後中華民族發展的方向和進程，深刻改變了中國人民和中華民族的前途和命運，深刻改變了世界發展的趨勢和格局。在新民主主義革命時期，我們黨團結帶領人民找到了一條農村包圍城市、武裝奪取政權的正確革命道路，進行了二十八年浴血奮戰，建立了中華人民共和國。新中國成立以來，黨中央對發展和安全高度重視，始終把維護國家安全工作緊緊抓在手上。在社會主義革命和建設時期，我們黨團結帶領人民確立社會主義基本制度，完成了中華民族有史以來最為廣泛而深刻的社會變革，抵禦了帝國主義侵略擴張，捍衛了新中國安全，保衛了中國人民和平生活，拚來了山河無恙、家國安寧。進入改革開放和社會主義現代化建設新時期，黨始終把維護國家安全和社會安定作為黨和國家的一項基礎性工作。我們成功應對一系列重大風險挑戰、克服無數艱難險阻，保持了我國社會大局穩定，為改革開放和社會主義現代化建設營造了良好環境。

黨的十八大以來，中國特色社會主義進入新時代。維護國家安全和社會穩定任務繁重艱巨，國家安全在黨和國家工作全局中的重要性日益凸顯。面臨複雜多變的安全和發展環境，黨中央統籌國內國際兩個大局，辦好發展安全兩件大事，加強對國家安全工作的集中統一領導，把堅持總體國家安全觀納入新時代堅持和發展中國特色社會主義的基本方略，從全局和戰略高度對國家安全作出一系列重大決策部署，強化國家安全工作頂層設計，完善各重要領域國家安全政策，健全國家安全法律法規，有效應對了一系列重大風險挑戰，保持了我國國家安全大局穩定。

2. 把握新發展階段國家安全面臨的新機遇新挑戰

(10) 新發展階段是全面建設社會主義現代化國家、向第二個百年奮鬥目標進軍的階段。進入新發展階段，國內外環境的深刻變化既帶來一系列新機遇，也帶來一系列新挑戰。

從國際看，世界百年未有之大變局進入加速演變期，國際環境日趨錯綜複雜。一方面，和平與發展仍然是時代主題，新一輪科技革命和產業變革深入發展，國際力量對比深刻調整，人類命運共同體理念深入人心。另一方面，國際形勢的不穩定性不確定性明顯增加，新冠肺炎疫情大流行影響廣泛深遠，經濟全球化遭遇逆流，民粹主義、排外主義抬頭，單邊主義、保護主義、霸權主義對世界和平與發展構成威脅，國際經濟、科技、文化、安全、政治等格局都在發生深刻複雜變化。

從國內看，我國繼續發展具有多方面優勢和條件，也面臨著許多前所未有的困難和挑戰。全面建成小康社會為全面建設社會主義現代化國家創造了有利條件，經濟實力、科技實力、綜合國力躍上新的大台階。同時，隨著我國社會主要矛盾變化和國際力量對比深刻調整，我國發展面臨的內外部風險空前上升，如果發生重大風險又扛不住，國家安全就可能面臨重大威脅。

綜合分析國內外形勢，當前和今後一個時期，我國發展仍然處於重要戰略機遇期，但機遇和挑戰都有新的發展變化。過去我們是順勢而上，機遇比較好把握；現在要頂風而上，把握機遇的難度就不一樣了。過去大環境相對平穩，風險挑戰比較容易看清楚；現在世界形勢動蕩複雜，地緣政治挑戰風高浪急，暗礁和潛流又多，對應變能力提出了更高要求。過去我們發展水平低，同別人的互補性就多一些；現在我們發展水平提高了，同別人的競爭性就多起來了。我們的判斷是危和機並存、危中有機、危可轉機，機遇更具有戰略性、可塑性，挑戰更具有複雜性、全局性，挑戰前所未有，應對好了，機遇也就前所未有。要深入分析，全面權衡，善於從眼前的危機、眼前的困難中捕捉和創造機遇。只要準確識變、科學應變、主動求變，善於決策時運籌帷幄、落實時如臂使指，我們就一定能夠在抗擊大風險中創造出大機遇，始終立於不敗之地。

3. 為實現中華民族偉大復興提供堅強安全保障

(11) 實現中華民族偉大復興是中華民族近代以來最偉大的夢想。中國共產黨團結帶領中國人民進行的一切奮鬥、一切犧牲、一切創造，歸結起來就是一個主題：實現中華民族偉大復興。新中國成立七十多年來，黨領導人民創造出世所罕見的經濟快速發展奇蹟和社會長期穩定奇蹟。經過全黨全國各族人民持續奮鬥，我們實現了第一個百年奮鬥目標，在中華大地上全面建成了小康社會，歷史性地解決了絕對貧困問題，迎來了從站起來、富起來到強起來的偉大飛躍，迎來了實現中華民族偉大復興的光明前景。

現在，我們比歷史上任何時期都更接近中華民族偉大復興的目標，比歷史上任何時期都更有信心、有能力實現這個目標。同時，必須清醒地看到，我們越發展壯大，遇到的阻力和壓力就會越大，面臨的外部風險就會越多。這是我國由大向強發展進程中無法迴避的挑戰，是實現中華民族偉大復興繞不過的門檻，什麼時候都不要想像可以敲鑼打鼓、順順當當實現我們的奮鬥目標。

我們要開創中華民族偉大復興新局面，就必須冷靜審視深刻複雜變化的國際形勢，全面把握艱巨繁重的改革發展穩定任務，牢固樹立總體國家安全觀，加快構建新安全格局。要把責任扛在肩上，時刻準備應對重大挑戰、抵禦重大風險、克服重大阻力、解決重大矛盾，以不畏艱險、攻堅克難的勇氣，以昂揚向上、奮發有為的銳氣，不斷把中華民族偉大復興事業推向前進。

二、堅持黨對國家安全工作的絕對領導

—— 關於新時代國家安全的根本保證

1. 堅持黨的絕對領導是做好國家安全工作的根本原則

(12) 中國共產黨是中國特色社會主義事業的領導核心，處在總攬全局、協調各方的地位。習近平總書記指出："黨政軍民學，東西南北中，黨是領導一切的，是最高的政治領導力量。"中國共產黨領導是中國特色社會主義最本質的特徵，是中國特色社會主義制度的最大優勢，是黨和國家的根本所在、命脈所在，是全國各族人民的利益所繫、命運所繫。

中國共產黨領導是歷史的選擇、人民的選擇，是實現中華民族偉大復興的根本保證。中國共產黨是中國工人階級的先鋒隊，同時是中國人民和中華民族的先鋒隊，在推動中國歷史前進中發揮著無可替代的領導核心作用。深入了解中國近代以來的歷史，就不難發現，如果沒有中國共產黨領導，我們的國家、我們的民族不可能取得今天這樣的發展成就，也不可能具有今天這樣的國際地位。沒有中國共產黨，就沒有新中國，就沒有中華民族偉大復興。

黨的十八大以來，黨確立習近平總書記黨中央的核心、全黨的核心地位，確立習近平新時代中國特色社會主義思想的指導地位，反映了全黨全軍全國各族人民共同心願，對新時代黨和國家事業發展、對推進中華民族偉大復興歷史進程具有決定性意義。新的征程上，我們必須堅持黨的全面領導，不斷完善黨的領導，增強政治意識、大局意識、核心意識、看齊意識，堅定道路自信、理論自信、制度自信、文化自信，堅決維護習近平總書記黨中央的核心、全黨的核心地位，堅決維護黨中央權威和集中統一領導，牢記"國之大者"，不斷提高黨科學執政、民主執政、依法執政水平，充分發揮黨總攬全局、協調各方的領導核心作用。

　　(13) 堅持黨對國家安全工作的絕對領導，是維護國家安全和社會安定的根本保證。歷史和現實都告訴我們，正是因為始終堅持黨的集中統一領導，我們才能實現偉大歷史轉折、開啟改革開放新時期和中華民族偉大復興新征程，才能成功應對一系列重大風險挑戰、克服無數艱難險阻。

　　堅持黨的絕對領導，首先要維護黨中央權威和集中統一領導。習近平總書記指出："中國特色社會主義大廈需要四樑八柱來支撐，黨是貫穿其中的總的骨架，黨中央是頂樑柱。"維護黨中央權威和集中統一領導，是我國革命、建設、改革的重要經驗，是一個成熟的馬克思主義執政黨的重大建黨原則，任何時候任何情況下都不能含糊、不能動搖。黨的歷史經驗表明，凡是黨中央權威和集中統一領導堅持得好，黨的事業就興旺發達；反之，黨的事業就遭受挫折。維護黨中央權威，決不是一般問題和個人的事，而是方向性、原則性問題，是黨性，是大局，關係黨、民族、國家前途命運。要加強黨對國家安全工作的集中統一領導，正確把握當前國家安全形勢，全面貫徹落實總體國家安全觀，把黨中央精神和本地區本部門實際有機結合起來，把黨中央大政方針不折不扣落實到位。

在堅持黨的領導這個重大原則問題上，我們腦子要特別清醒、眼睛要特別明亮、立場要特別堅定，絕不能有任何含糊和動搖。堅持黨的領導是方向性問題，必須旗幟鮮明、立場堅定，決不能羞羞答答、語焉不詳，決不能遮遮掩掩、搞自我麻痺。要把思想和行動統一到黨中央對國家安全工作的決策部署上來，堅持以黨的旗幟為旗幟、以黨的方向為方向、以黨的意志為意志，確保思想一致、行動一致、步調一致。要自覺把工作放在黨中央工作大局中考量和部署，自覺做到黨中央提倡的堅決響應、黨中央決定的堅決執行、黨中央禁止的堅決不做，執行黨中央決策部署不講條件、不打折扣、不搞變通。

2. 把黨的領導貫穿到國家安全工作各方面全過程

(14) 黨的領導必須是全面的、系統的、整體的。做好新時代國家安全工作,必須加強統籌協調,把黨的領導貫穿到國家安全工作各方面全過程。

堅定做到"兩個維護"。"兩個維護"是黨的最高政治原則和根本政治規矩。黨和國家大政方針的決定權在黨中央,必須以實際行動維護黨中央一錘定音、定於一尊的權威。黨的任何組織和成員,無論在哪個領域、哪個層級、哪個單位,都要服從黨中央集中統一領導。要從事關黨和國家前途命運的戰略高度,堅決維護習近平總書記黨中央的核心、全黨的核心地位。要教育引導黨員幹部從歷史和現實、理論和實踐、國內和國際的結合上深刻認識、強化認同,不斷增強擁護核心、跟隨核心、捍衛核心的思想自覺、政治自覺、行動自覺,始終同以習近平同志為核心的黨中央保持高度一致。要自覺維護黨中央權威和集中統一領導,堅決貫徹黨的意志和主張,嚴守政治紀律和政治規矩,經得住各種風浪考驗,在大是大非問題面前立場堅定、旗幟鮮明,在關鍵時刻敢於衝鋒陷陣、發聲亮劍。

充分發揮黨總攬全局、協調各方的領導核心作用。習近平總書記對黨的領導核心作用作了鮮明生動的闡述，他指出："形象地說是'眾星捧月'，這個'月'就是中國共產黨。在國家治理體系的大棋局中，黨中央是坐鎮中軍帳的'帥'，車馬炮各展其長，一盤棋大局分明。"堅持黨對國家安全工作的領導，要堅持系統思維和全局觀念，加強前瞻性思考、全局性謀劃、戰略性佈局、整體性推進，不斷提高黨把方向、謀大局、定政策、促改革的能力和定力。要建立健全堅持和加強黨的領導的組織體系、制度體系、工作機制，形成落實黨的領導縱到底、橫到邊、全覆蓋的工作格局。

加強黨對一切工作的領導，這一要求不是空洞的、抽象的，要在各方面各環節落實和體現。黨中央的領導不是清談館，不能議而不決，必須令行禁止。要把貫徹黨中央精神體現到謀劃重大戰略、制定重大政策、部署重大任務、推進重大工作的實踐中去，經常對錶對標，及時校準偏差。要抓住突出短板和薄弱環節，分清輕重緩急，加強政策配套，加強協同攻堅，加強督察落實，確保各項目標任務按時保質完成。要增強狠抓落實本領，勇於攻堅克難，有真抓的實勁、敢抓的狠勁、善抓的巧勁、常抓的韌勁，以釘釘子精神做實做細做好各項工作。

3. 完善集中統一、高效權威的國家安全領導體制

(15) 黨的十八屆三中全會決定成立中央國家安全委員會，目的就是更好適應我國國家安全面臨的新形勢新任務，建立集中統一、高效權威的國家安全體制，加強對國家安全工作的領導。中央國家安全委員會主要職責是制定和實施國家安全戰略，推進國家安全法治建設，制定國家安全工作方針政策，研究解決國家安全工作中的重大問題。中央國家安全委員會成立以來，堅持黨的全面領導，貫徹落實總體國家安全觀，解決了許多長期想解決而沒有解決的難題，辦成了許多過去想辦而沒有辦成的大事，國家安全工作得到全面加強，牢牢掌握了維護國家安全的全局性主動。

習近平總書記指出："要堅持黨對國家安全工作的絕對領導，實施更為有力的統領和協調。" 我們建立健全黨對重大工作的領導體制機制，優化黨中央決策議事協調機構，負責重大工作的頂層設計、總體佈局、統籌協調、整體推進，目的是要使黨對涉及黨和國家事業全局的重大工作實施更為有效的統領和協調，加強統的層次和力度，更好行使有關職權，提高工作效能，保證黨中央令行禁止和工作高效。決策議事協調機構重點是謀大事、議大事、抓大事，聽取各方面的意見和建議，更

好堅持民主集中制，提高決策的科學性。同時，決策議事協調機構對重大工作的領導是總攬，不是事無巨細都抓在手上。中央國家安全委員會要遵循集中統一、科學謀劃、統分結合、協調行動、精幹高效的原則，聚焦重點，抓綱帶目，緊緊圍繞國家安全工作的統一部署狠抓落實。要發揮好統籌國家安全事務的作用，抓好國家安全方針政策貫徹落實，完善國家安全工作機制，著力在提高把握全局、謀劃發展的戰略能力上下功夫，不斷增強駕馭風險、迎接挑戰的本領。

(16) 落實好國家安全工作責任制，是加強黨對國家安全工作領導的重要機制保障。各級黨委 (黨組) 是維護國家安全的責任主體，要按照中央國家安全委員會決策部署，管理好本地區本部門涉國家安全事務。各地區要建立健全黨委統一領導的國家安全工作責任制，強化維護國家安全責任，守土有責、守土盡責。要把抓落實擺在突出位置，制定具體方案，明確責任分工，防止任務落空，堅持一級抓一級、層層抓落實。要銜接好重點領域責任鏈條，明確責任鏈條分界點、銜接點，確保責任鏈條無縫對接。

4. 堅持推進國家安全體系和能力現代化

(17) 堅持和完善中國特色社會主義制度、推進國家治理體系和治理能力現代化，是關係黨和國家事業興旺發達、國家長治久安、人民幸福安康的重大問題。要把黨的領導落實到國家治理各領域各方面各環節，推進國家治理體系和治理能力現代化。

國家安全體系和能力現代化是國家安全制度及其執行能力的集中體現。中央國家安全委員會成立以來，初步構建了國家安全體系主體框架，形成了國家安全理論體系，完善了國家安全戰略體系，建立了國家安全工作協調機制，國家安全工作得到全面加強。

(18) 堅持推進國家安全體系和能力現代化，要適應新時代新要求，以改革創新為動力，加強法治思維，構建系統完備、科學規範、運行有效的國家安全制度體系，提高運用科學技術維護國家安全的能力，不斷增強塑造國家安全態勢的能力。

繼續完善國家安全制度體系。要完善風險防控機制，建立健全風險研判機制、決策風險評估機制、風險防控協同機制、風險防控責任機制，主動加強協調配合。要加強保障國家安全的制度性建設，借鑒其他國家經驗，研究如何設置必要的"玻璃門"，在不同階段加不同的鎖，有效處理各類涉及國家安全的問題。必須強化制度執行力，加強對制度執行的監督，切實防止各自為政、標準不一、寬嚴失度等問題的發生，充分發揮制度指引方向、規範行為、提高效率、維護穩定、防範化解風險的重要作用。

要始終堅持在法治軌道上推進國家安全體系和能力現代化。更加重視法治、厲行法治，強化法治思維，運用法治方式，更好發揮法治固根本、穩預期、利長遠的重要作用，堅持依法應對重大挑戰、抵禦重大風險、克服重大阻力、解決重大矛盾。要堅持統籌推進國內法治和涉外法治，協調推進國內治理和國際治理。要加強國家安全法治保障，積極推進國家安全、科技創新、公共衛生、生物安全、生態文明、防範風險、涉外法治等重要領域立法，依法防範、制止、打擊危害我國國家安全和利益的違法犯罪活動。要加快涉外法治工作戰略佈局，形成系統完備的涉外法律法規體系，綜合利用立法、執法、司法等手段開展鬥爭，提升涉外執法司法效能，堅決維護國家主權、尊嚴和核心利益。

要深入開展國家安全宣傳教育，切實增強全民國家安全意識。以總體國家安全觀為指導，全面實施國家安全法，開展好全民國家安全教育日活動。要把國家安全教育納入國民教育和精神文明建設體系，推動國家安全教育進企業、進農村、進社區、進學校、進家庭，加強國家安全公益宣傳，積極引導社會輿論和公眾情緒，動員全黨全社會共同努力，匯聚起維護國家安全的強大力量，夯實國家安全的社會基礎。

(19) 全面提升國家安全能力，更加注重協同高效，更加注重法治思維，更加注重科技賦能，更加注重基層基礎。要加大對維護國家安全所需的物質、技術、裝備、人才、法律、機制等保障方面的能力建設，更好適應國家安全工作需要。

增強塑造國家安全態勢的能力。堅持維護和塑造國家安全，塑造是更高層次更具前瞻性的維護。要積極塑造外部安全環境，加強安全領域合作，引導國際社會共同維護國際安全。要引導國際社會共同塑造更加公正合理的國際新秩序，發揮負責任大國作用，同世界各國一道，推動構建人類命運共同體。

加強國家安全戰略謀劃能力。戰略問題是一個政黨、一個國家的根本性問題。戰略上判斷得準確，戰略上謀劃得科學，戰略上贏得主動，黨和人民事業就大有希望。不論國際形勢如何變幻，我們要保持戰略定力、戰略自信、戰略耐心。要觀大勢、察風險、謀遠略、控全局，堅持以全球思維謀篇佈局，堅持原則性和策略性相統一，加強戰略謀劃和前瞻佈局，完善國家安全戰略和政策，把維護國家安全的戰略主動權牢牢掌握在自己手中。

提高運用科學技術維護國家安全的能力。科技從來沒有像今天這樣深刻影響國家安全和軍事戰略全局。只有秉持科學精神、把握科學規律、大力推動自主創新，才能夠把國家發展建立在更加安全、更為可靠的基礎之上。現在，能源安全、糧食安全、網絡安全、生態安全、生物安全、國防安全等風險壓力不斷增加，需要依靠更多更好的科技創新保障國家安全。要強化事關國家安全和經濟社會發展全局的重大科技任務的統籌組織，為經濟社會發展、保障和改善民生、保障國防安全提供有力科技支撐。

5. 堅持加強國家安全幹部隊伍建設

(20) 國家安全幹部隊伍是維護國家主權、安全、發展利益，建設和發展中國特色社會主義的重要力量，為保衛社會主義國家政權、保持社會和諧穩定、保護人民生命財產安全發揮了重要作用。實踐證明，國家安全幹部不愧是黨和人民可以信賴的忠誠衛士，不愧是甘於奉獻的無名英雄，黨和人民永遠不會忘記。

打造堅不可摧的國家安全幹部隊伍。要加強國家安全系統黨的建設，堅持以政治建設為統領，教育引導國家安全部門和各級幹部增強“四個意識”、堅定“四個自信”、做到“兩個維護”。要把能力建設作為一項重要任務，突出實戰、實用、實效導向，全面提升法律政策運用能力、防控風險能力、群眾工作能力、科技應用能力、輿論引導能力。要堅持嚴管和厚愛結合、激勵和約束並重，把從嚴管理幹部貫徹落實到國家安全幹部隊伍建設全過程，努力營造風清氣正、幹事創業的良好生態。要關心和愛護國家安全幹部隊伍，為他們提供便利條件和政策保障，做到政治上激勵、工作上鼓勁、待遇上保障、人文上關懷，千方百計幫助解決各種實際困難，讓他們安身、安心、安業。

三、堅持中國特色國家安全道路

—— 關於新時代國家安全的道路選擇

1. 道路問題直接關係黨和人民事業興衰成敗

(21) 方向決定前途，道路決定命運。道路錯誤，我們不僅達不到目標，甚至可能中斷中華民族偉大復興的進程。一個國家走的道路行不行，關鍵要看是否符合本國國情，是否順應時代發展潮流，能否帶來經濟發展、社會進步、民生改善、社會穩定，能否得到人民支持和擁護，能否為人類進步事業作出貢獻。獨特的文化傳統，獨特的歷史命運，獨特的國情，注定了中國必然走適合自己特點的發展道路。我們自己的路，就是中國特色社會主義道路。這條道路，是中國共產黨帶領中國人民歷經千辛萬苦、付出巨大代價開闢出來的，是符合中國國情、適合時代發展要求的正確道路。歷史已經並將繼續證明，只有社會主義才能救中國，只有中國特色社會主義才能發展中國，只有堅持和發展中國特色社會主義才能實現中華民族偉大復興。

(22) 中國特色國家安全道路本質上是中國特色社會主義道路在國家安全上的具體體現。當前我國國家安全內涵和外延比歷史上任何時候都要豐富，時空領域比歷史上任何時候都要寬廣，內外因素比歷史上任何時候都要複雜，必須堅持總體國家安全觀，以人民安全為宗旨，以政治安全為根本，以經濟安全為基礎，以軍事、科技、文化、社會安全為保障，以促進國際安全為依托，走出一條中國特色國家安全道路。

堅持中國特色國家安全道路，歸根結底是為了確保中華民族偉大復興進程不被遲滯甚至中斷。行百里者半九十。距離實現中華民族偉大復興的目標越近，我們越不能懈怠。我們現在所處的，是一個船到中流浪更急、人到半山路更陡的時候，是一個愈進愈難、愈進愈險而又不進則退、非進不可的時候，擺在全黨全國各族人民面前的任務更艱巨、挑戰更嚴峻。必須完善國家安全制度體系，加強國家安全能力建設，防範系統性風險，避免顛覆性危機，為中華民族偉大復興中國夢提供堅實安全保障。

2. 中國特色國家安全道路的重要特徵

(23) 中國特色國家安全道路具有許多重要特徵，概而言之，就是堅持黨的絕對領導，完善集中統一、高效權威的國家安全工作領導體制，實現人民安全、政治安全、國家利益至上相統一；堅持捍衛國家主權和領土完整，維護邊疆、邊境、周邊安定有序；堅持安全發展，推動高質量發展和高水平安全動態平衡；堅持總體戰，統籌傳統安全和非傳統安全；堅持走和平發展道路，促進自身安全和共同安全相協調。

(24) 堅持黨的絕對領導，完善集中統一、高效權威的國家安全工作領導體制，實現人民安全、政治安全、國家利益至上相統一。人民安全是國家安全的宗旨，政治安全是國家安全的根本，國家利益至上是國家安全的準則。只有堅持人民安全、政治安全和國家利益至上的有機統一，才能實現人民安居樂業、黨的長期執政、國家長治久安。

國家利益至上是實現人民安全和政治安全的要求和原則。每個國家都有發展權利，同時都應該在更加廣闊的層面考慮自身利益，不能以損害其他國家利益為代價，各國應該尊重彼此核心利益和重大關切。要把國家利益作為制定國家安全戰略的出發點，更堅決更有效地維護好捍衛好國家利益尤其是核心利益。中國不覬覦他國權益，不嫉妒他國發展，但決不放棄我們的正當權益，決不犧牲國家核心利益。中國人民不信邪也不怕邪，不惹事也不怕事，任何外國不要指望我們會拿自己的核心利益做交易，不要指望我們會吞下損害我國主權、安全、發展利益的苦果。

(25) 堅持捍衛國家主權和領土完整，維護邊疆、邊境、周邊安定有序。主權是國家獨立的根本標誌，也是國家利益的根本體現和可靠保證。必須堅持獨立自主，堅持把國家主權和安全放在第一位。國家不分大小、強弱、貧富，都是國際社會平等成員，要尊重各國自主選擇的社會制度和發展道路，反對出於一己之利或一己之見，採用非法手段顛覆別國合法政權。要堅持中國的事情必須由中國人民自己作主張、自己來處理。不論過去、現在和將來，我們都要把國家和民族發展放在自己力量的基點上，集中精力辦好自己的事情，全面做強自己，不斷壯大我們的綜合國力。要堅持從中國實際出發，堅持以我為主、為我所用，虛心學習借鑒人類社會創造的一切文明成果，但不能數典忘祖，不能照抄照搬別國的發展模式，也絕不會接受任何外國頤指氣使的說教，要在獨立自主的立場上把他人的好東西加以消化吸收。要堅持獨立自主的和平外交政策，根據事情本身的是非曲直決定自己的立場和政策，秉持公道，伸張正義，絕不把自己的意志強加於人，也絕不允許任何人把他們的意志強加於中國人民。

維護國家主權和領土完整，實現祖國完全統一，是全體中華兒女共同願望，是中華民族根本利益所在。中國人民有堅定的意志、充分的信心、足夠的能力挫敗一切分裂國家的活動。要周密組織邊境管控和海上維權行動，堅決維護領土主權和海洋權益，築牢邊海防銅牆鐵壁。要加快邊疆發展，推進興邊富民、穩邊固邊，確保邊疆鞏固、邊境安全。要繼續妥善處理同有關國家的分歧和摩擦，在堅定捍衛國家主權、安全、領土完整的基礎上，努力維護同周邊國家關係和地區和平穩定大局。

(26) 堅持安全發展，推動高質量發展和高水平安全動態平衡。安全是發展的前提，發展是安全的保障。當前和今後一個時期是我國各類矛盾和風險易發期，各種可以預見和難以預見的風險因素明顯增多。要堅持發展和安全並重，實現高質量發展和高水平安全的良性互動，既通過發展提升國家安全實力，又深入推進國家安全思路、體制、手段創新，營造有利於經濟社會發展的安全環境，在發展中更多考慮安全因素，努力實現發展和安全的動態平衡。

要牢牢守住安全發展這條底線，自覺把促進安全發展放在維護最廣大人民根本利益中來認識，在謀劃和推進發展的時候，善於預見和預判各種風險挑戰，做好應對各種“黑天鵝”、“灰犀牛”事件的預案，不斷增強發展的安全性。要堅持問題導向，從人民群眾反映最強烈的問題入手，高度重視並切實解決安全發展面臨的一些突出矛盾和問題，著力抓重點、抓關鍵、抓薄弱環節，不斷提高安全發展水平。

(27) 堅持總體戰，統籌傳統安全和非傳統安全。維護國家安全不只是國家安全機關的職責，而是全方位的工作，是總體戰，各領域工作都要為維護和塑造國家安全提供支持，形成全面動員、全面部署、全面加強國家安全工作的局面。必須堅持科學統籌，加強戰略性、系統性、前瞻性研究謀劃，統籌推進各項安全工作，始終把國家安全置於中國特色社會主義事業全局中來把握，充分調動各方面積極性，形成維護國家安全合力。

當前，安全問題的聯動性更加突出。安全問題同政治、經濟、文化、民族、宗教等問題緊密相關，非傳統安全威脅和傳統安全威脅相互交織。一個看似單純的安全問題，往往並不能簡單對待，否則就可能陷入頭痛醫頭、腳痛醫腳的困境。新冠肺炎疫情的發生再次表明，在經濟全球化時代，這樣的重大突發事件不會是最後一次，各種傳統安全和非傳統安全問題還會不斷帶來新的考驗。要統籌傳統安全和非傳統安全，堅持統籌推進各領域安全，構建集政治安全、軍事安全、國土安全、經濟安全、金融安全、文化安全、社會安全、科技安全、網絡安全、糧食安全、生態安全、資源安全、核安全、海外利益安全、太空安全、深海安全、極地安全、生物安全、人工智能安全等於一體的國家安全體系。

(28) 堅持走和平發展道路，促進自身安全和共同安全相協調。沒有和平，中國和世界都不可能順利發展；沒有發展，中國和世界也不可能有持久和平。和平發展道路來之不易，是新中國成立以來特別是改革開放以來，我們黨經過艱辛探索和不斷實踐逐步形成的。在長期實踐中，我們提出和堅持了和平共處五項原則，確立和奉行了獨立自主的和平外交政策，向世界作出了永遠不稱霸、永遠不搞擴張的莊嚴承諾，強調中國始終是維護世界和平的堅定力量。這些我們必須始終不渝堅持下去，永遠不能動搖。

統籌自身安全和共同安全。在經濟全球化時代，各國安全相互關聯、彼此影響，各國人民命運與共、唇齒相依。沒有一個國家能實現脫離世界安全的自身安全，也沒有建立在其他國家不安全基礎上的安全。面對錯綜複雜的國際安全威脅，單打獨鬥不行，迷信武力更不行，合作安全、集體安全、共同安全才是解決問題的正確選擇。要高舉和平、發展、合作、共贏的旗幟，加強國際安全合作，共同構建普遍安全的人類命運共同體，實現普遍安全和共同安全。

3. 堅持中國特色國家安全道路必須進行偉大鬥爭

(29) 敢於鬥爭、敢於勝利,是中國共產黨不可戰勝的強大精神力量。馬克思主義產生和發展、社會主義國家誕生和發展的歷程充滿著鬥爭的艱辛。我們黨依靠鬥爭創造歷史,更要依靠鬥爭贏得未來。新的征程上,我們面臨的風險考驗只會越來越複雜,甚至會遇到難以想像的驚濤駭浪。我們面臨的各種鬥爭不是短期的而是長期的,將伴隨實現第二個百年奮鬥目標全過程。在重大風險、強大對手面前,總想過太平日子、不想鬥爭是不切實際的,得"軟骨病"、患"恐懼症"是無濟於事的。"善戰者,立於不敗之地,而不失敵之敗也。"唯有主動迎戰、堅決鬥爭才有生路出路,才能贏得尊嚴、求得發展,逃避退縮、妥協退讓只會招致失敗和屈辱,只能是死路一條。

鬥爭是有方向、有立場、有原則的,大方向就是堅持中國共產黨領導和我國社會主義制度不動搖。凡是危害中國共產黨領導和我國社會主義制度的各種風險挑戰,凡是危害我國主權、安全、發展利益的各種風險挑戰,凡是危害我國核心利益和重大原則的各種風險挑戰,凡是危害我國人民根本利益的各種風險挑戰,凡是危害我國實現"兩個一百年"奮鬥目標、實現中華民族偉大復興的各種風險挑戰，只要來了，我們就必須進行堅決鬥爭，而且必須取得鬥爭勝利。我們的頭腦要特別清醒、立場要特別堅定，牢牢把握正確鬥爭方向，做到在各種重大鬥爭考驗面前"不畏浮雲遮望眼"，"亂雲飛渡仍從容"。

鬥爭是一門藝術，要注重策略方法。要堅持增強憂患意識和保持戰略定力相統一、堅持戰略判斷和戰術決斷相統一、堅持鬥爭過程和鬥爭實效相統一。要抓主要矛盾、抓矛盾的主要方面，堅持有理有利有節，合理選擇鬥爭方式、把握鬥爭火候，在原則問題上寸步不讓，在策略問題上靈活機動。要根據形勢需要，把握時、度、效，及時調整鬥爭策略。要團結一切可以團結的力量，調動一切積極因素，在鬥爭中爭取團結，在鬥爭中謀求合作，在鬥爭中爭取共贏。

加強鬥爭歷練，增強鬥爭本領，永葆鬥爭精神。要學懂弄通做實黨的創新理論，掌握馬克思主義立場觀點方法，夯實敢於鬥爭、善於鬥爭的思想根基，理論上清醒，政治上才能堅定，鬥爭起來才有底氣、才有力量。要堅持在重大鬥爭中磨礪，越是困難大、矛盾多的地方，越是形勢嚴峻、情況複雜的時候，越能練膽魄、磨意志、長才幹。要以"踏平坎坷成大道，鬥罷艱險又出發"的頑強意志，應對好每一場重大風險挑戰，切實把改革發展穩定各項工作做實做好。

四、堅持以人民安全為宗旨

—— 關於新時代國家安全的根本立場

1. 國家安全一切為了人民

(30) 國家安全工作歸根結底是保障人民利益。人民立場是中國共產黨的根本政治立場，是馬克思主義政黨區別於其他政黨的顯著標誌。習近平總書記強調："江山就是人民、人民就是江山，打江山、守江山，守的是人民的心。"我們黨團結帶領人民進行革命、建設、改革，根本目的就是為了讓人民過上好日子，無論面臨多大挑戰和壓力，無論付出多大犧牲和代價，這一點都始終不渝、毫不動搖。要牢固樹立和認真貫徹總體國家安全觀，以人民安全為宗旨，堅持國家安全一切為了人民、一切依靠人民，為群眾安居樂業提供堅強保障。

(31) 始終把人民群眾生命安全和身體健康放在第一位。生命至上，集中體現了中國人民深厚的仁愛傳統和中國共產黨人以人民為中心的價值追求。人民健康是社會文明進步的基礎，是民族昌盛和國家富強的重要標誌。擁有健康的人民意味著擁有更強大的綜合國力和可持續發展能力。如果人民健康水平低下，如果群眾患病得不到及時救助，如果疾病控制不力、傳染病流行，不僅人民生活水平和質量會受到重大影響，而且社會會付出沉重代價。在保護人民生命安全和身體健康面前，我們必須不惜一切代價，我們也能夠做到不惜一切代價。

2. 堅決打贏新冠肺炎疫情防控的人民戰爭、總體戰、阻擊戰

(32) 新冠肺炎疫情防控是一場保衛人民群眾生命安全和身體健康的嚴峻鬥爭。我國是一個有著十四億多人口的大國，防範化解重大疫情和重大突發公共衛生風險，始終是我們須臾不可放鬆的大事。新冠肺炎疫情是百年來全球發生的最嚴重的傳染病大流行，是新中國成立以來我國遭遇的傳播速度最快、感染範圍最廣、防控難度最大的重大突發公共衛生事件。做好疫情防控工作，直接關係人民生命安全和身體健康，直接關係經濟社會大局穩定，也事關我國對外開放。面對突如其來的嚴重疫情，黨中央堅持人民至上、生命至上，統攬全局、果斷決策，第一時間實施集中統一領導。各級黨組織和廣大黨員幹部全面貫徹堅定信心、同舟共濟、科學防治、精準施策的總要求，迅速打響疫情防控的人民戰爭、總體戰、阻擊戰，奪取了全國抗疫鬥爭重大戰略成

果。中國的抗疫鬥爭，充分展現了中國精神、中國力量、中國擔當。

生命重於泰山。疫情就是命令，防控就是責任。人民至上是作出正確抉擇的根本前提。應對歷史罕見的大危機，立場決定方向，也決定行動優先序。黨中央採取的所有防控措施都首先考慮盡最大努力防止更多群眾被感染，盡最大可能挽救更多患者生命。全黨全軍全國各族人民採取最全面、最嚴格、最徹底的防控舉措，提高收治率和治癒率、降低感染率和病亡率，前所未有調集全國資源開展大規模救治，不遺漏一個感染者，不放棄每一位病患，從出生僅三十多個小時的嬰兒到一百多歲的老人，每一個生命都得到全力護佑，人的生命、人的價值、人的尊嚴得到悉心呵護，最大限度保護了人民生命安全和身體健康。

紮紮實實做好疫情防控期間保障和改善民生各項工作。民生穩，人心就穩，社會就穩。黨中央準確把握疫情形勢變化，立足全局、著眼大局，及時作出統籌疫情防控和經濟社會發展的重大決策，堅持依法防控、科學防控，最大限度保障人民生產生活。始終把人民安危冷暖放在心上，幫助群眾解決實際困難，保持疫情期間基本民生服務不斷檔，強化對困難群眾的兜底保障，統籌做好其他疾病患者醫療救治工作。紮實做好穩就業、穩金融、穩外貿、穩外資、穩投資、穩預期"六穩"工作，全面落實保居民就業、保基本民生、保市場主體、保糧食能源安全、保產業鏈供應鏈穩定、保基層運轉"六保"任務。

(33) 要毫不放鬆抓好常態化疫情防控。堅決克服麻痺思想、厭戰情緒、僥倖心理、鬆懈心態，從嚴從緊落實各項防控措施，守住來之不易的防控成果，奮力奪取抗疫鬥爭全面勝利。統籌推進疫情防控和經濟社會發展工作，加快建立同疫情防控相適應的經濟社會運行秩序。充分發揮科技對疫情防控的支撐作用，加大藥品和疫苗科研攻關力度，掌握更多具有自主知識產權的核心科技，拿出更多硬核產品，為維護人民生命安全和身體健康、維護國家戰略安全作出更大貢獻。打贏疫情防控這場人民戰爭，必須緊緊依靠人民群眾，要做好深入細緻的群眾工作，把群眾發動起來，夯實聯防聯控、群防群控的基層基礎，構築起群防群控的人民防線。

要加快補齊治理體系的短板弱項，為保障人民生命安全和身體健康夯實制度保障。在這次應對新冠肺炎疫情中，暴露出我國在重大疫情防控體制機制、公共衛生應急管理體系等方面存在的明顯短板，要總結經驗、吸取教訓，抓緊補短板、堵漏洞、強弱項，提高應對突發重大公共衛生事件的能力和水平。要完善城市治理體系和城鄉基層治理體系，樹立全周期的城市健康管理理念，增強社會治理總體效能。要重視生物安全風險，提升國家生物安全防禦能力。

3. 著力解決人民群眾反映強烈的安全問題

(34) 中國特色社會主義進入新時代，人民美好生活需要日益廣泛，不僅對物質文化生活提出了更高要求，而且在民主、法治、公平、正義、安全、環境等方面的要求日益增長。要從最突出的問題著眼，著力抓好安全生產、食品藥品安全、防範重特大自然災害、維護社會穩定工作，確保人民安居樂業、社會安定有序、國家長治久安。

以對人民極端負責的精神抓好安全生產工作。安全生產是民生大事，一絲一毫不能放鬆。要牢固樹立安全發展理念，堅持人民利益至上，始終把安全生產放在首要位置，自覺維護人民群眾生命財產安全。必須牢固樹立這樣一個觀念，就是不能要帶血的生產總值。堅持發展決不能以犧牲安全為代價這條紅線。經濟社會發展的每一個項目、每一個環節都要以安全為前提，不能有絲毫疏漏。要深入開展安全隱患排查整治，從源頭治起、從細處抓起、從短板補起，築牢防線，守住底線，不放過任何一個漏洞，不丟掉任何一個盲點，不留下任何一個隱患。要把重大風險隱患當成事故來對待，把遏制重特大事故作為安全生產整體工作的“牛鼻子”來抓，切實提高安全發展水平。要加強安全生產監管，分區分類加強安全監管執法，牢牢守住安全生產底線。要針對安全生產事故主要特點和突出問題，層層壓實責任，狠抓整改落實，強化風險防控。堅持黨政同責、一崗雙責、齊抓共管、失職追責，嚴格落實安全生產責任制，細化落實各級黨委和政府的領導責任、相關部門的監管責任、企業的主體責任。

提高食品藥品安全保障水平。食品藥品安全關係每個人身體健康和生命安全，社會關注度高，輿論燃點低，一旦出問題，很容易引起公眾恐慌，甚至釀成群體性事件。要用最嚴謹的標準、最嚴格的監管、最嚴厲的處罰、最嚴肅的問責，確保人民群眾“舌尖上的安全”。要加快相關安全標準制定，加快建立科學完善的食品藥品安全治理體系，努力實現食品藥品質量安全穩定可控、保障水平明顯提升。要堅持產管並重，加快建立健全覆蓋生產加工到流通消費的全程監管制度，加快檢驗檢測技術裝備和信息化建設，嚴把從農田到餐桌、從實驗室到醫院的每一道防線，著力防範系統性、區域性風險。要切實提高農產品質量安全水平，以更大力度抓好農產品質量安全，完善農產品質量安全監管體系，把確保質量安全作為農業轉方式、調結構的關鍵環節，讓人民群眾吃得安全放心。對食品、藥品等領域的重大安全問題，不能每次一出事就處理幾個人、罰點款了事，要拿出治本措施，對違法者用重典，使從業者不敢、不願、不想違法，用法治維護好人民群眾生命安全和身體健康。

全面提高國家綜合防災減災救災能力，為保護人民群眾生命財產安全和國家安全提供有力保障。我國是世界上自然災害最為嚴重的國家之一，災害種類多，分佈地域廣，發生頻率高，造成損失重，這是一個基本國情。防災減災救災事關人民生命財產安全，事關社會和諧穩定，是衡量執政黨領導力、檢驗政府執行力、評判國家動員力、體現民族凝聚力的一個重要方面。要更加自覺地處理好人和自然的關係，正確處理防災減災救災和經濟社會發展的關係。要著力從加強組織領導、健全體制、完善法律法規、推進重大防災減災工程建設、加強災害監測預警和風險防範能力建設、提高城市建築和基礎設施抗災能力、提高農村住房設防水平和抗災能力等方面進行努力。要堅持以防為主、防抗救相結合，堅持常態減災和非常態救災相統一，努力實現從注重災後救助向注重災前預防轉變，從應對單一災種向綜合減災轉變，從減少災害損失向減輕災害風險轉變，全面提升全社會抵禦自然災害的綜合防範能力。

4. 始終把人民作為國家安全的基礎性力量

(35) 做好國家安全工作，必須緊緊依靠人民。人民是我們黨執政的最大底氣。任何一項偉大事業要成功，都必須從人民中找到根基，從人民中集聚力量，由人民共同來完成。違背人民意願，脫離人民支持，任何事業都會成為無源之水、無本之木，都是不能成功的。

群眾路線是我們黨的生命線和根本工作路線，是我們黨永葆青春活力和戰鬥力的重要傳家寶。不論過去、現在和將來，我們都要堅持一切為了群眾，一切依靠群眾，從群眾中來，到群眾中去，把黨的正確主張變為群眾的自覺行動，把群眾路線貫徹到治國理政全部活動之中。群眾參與對維護國家安全、應對和預防安全風險非常關鍵。要堅持群眾觀點和群眾路線，拓展人民群眾參與國家安全治理的有效途徑。要動員全黨全社會共同努力，匯聚起維護國家安全的強大力量，夯實國家安全的社會基礎。

五、堅持統籌發展和安全

—— 關於新時代國家安全的必然要求

1. 推進發展和安全深度融合

(36) 發展和安全是一體之兩翼、驅動之雙輪。統籌發展和安全，增強憂患意識，做到居安思危，是我們黨治國理政的一個重大原則。要把國家安全貫穿到黨和國家工作各方面全過程，同經濟社會發展一起謀劃、一起部署，做到協調一致、齊頭並進。要讓發展和安全兩個目標有機融合，實現高質量發展和高水平安全的良性互動，努力建久安之勢、成長治之業。

當代中國正在經歷人類歷史上最為宏大而獨特的實踐創新，改革發展穩定任務之重、矛盾風險挑戰之多、治國理政考驗之大都前所未有，世界百年未有之大變局深刻變化前所未有。我們比歷史上任何時期都更接近、更有信心和能力實現中華民族偉大復興的目標，同時必須準備付出更為艱巨、更為艱苦的努力。要勇於開頂風船，善於轉危為機，努力實現更高質量、更有效率、更加公平、更可持續、更為安全的發展。歷史和現實都告訴我們，只要不斷解放和發展社會生產力，不斷增強經濟實力、科技實力、綜合國力，不斷讓廣大人民的獲得感、幸福感、安全感日益充實起來，不斷讓堅持和發展中國特色社會主義、實現中華民族偉大復興的物質基礎日益堅實起來，我們就一定能夠使中國特色社會主義航船乘風破浪、行穩致遠。

2. 堅定維護改革發展穩定大局

(37) 習近平總書記指出："改革發展穩定是我國社會主義現代化建設的三個重要支點。改革是經濟社會發展的強大動力，發展是解決一切經濟社會問題的關鍵，穩定是改革發展的前提。" 只有社會穩定，改革發展才能不斷推進；只有改革發展不斷推進，社會穩定才能具有堅實基礎。離開社會穩定，不僅改革發展不可能順利推進，而且已經取得的成果也會喪失。從世界範圍看，許多國家由於政局動蕩、社會動亂，不僅失去發展機遇，也給這些國家的人民帶來深重災難。貫徹落實總體國家安全觀，必須全面把握艱巨繁重的改革發展穩定任務。改革開放以來，我們黨始終高度重視正確處理改革發展穩定關係，保持了我國社會大局穩定，為改革開放和社會主義現代化建設營造了良好環境。

當前，我國面臨的國際形勢日趨錯綜複雜，我們要清醒認識國際國內各種不利因素的長期性、複雜性。發展仍然是我們黨執政興國的第一要務，仍然是帶有基礎性、根本性的工作，但經濟發展、物質生活改善並不是全部，人心向背也不僅僅決定於這一點。必須堅持辯證唯物主義和歷史唯物主義世界觀和方法論，正確處理改革發展穩定關係，堅持把改革的力度、發展的速度和社會可承受的程度統一起來，堅持方向不變、道路不偏、力度不減，把改善人民生活作為正確處理改革發展穩定關係的結合點，在保持社會穩定中推進改革發展，通過改革發展促進社會穩定。要增強改革措施、發展措施、穩定措施的協調性，把握好當前利益和長遠利益、局部利益和全局利益、個人利益和集體利益的關係。

面對複雜多變的安全和發展環境，要堅持穩中求進工作總基調。穩中求進的根本點在於穩定大局、不斷進取，“穩”和“進”要相互促進，堅持在發展中平穩化解風險，在化解風險中優化發展。要把推進改革同防範化解重大風險結合起來，深入研判改革形勢和任務，科學謀劃推動落實改革的時機、方式、節奏，更加積極有效應對不穩定不確定因素，增強鬥爭本領，拓展政策空間，提升制度張力，推動改革行穩致遠。既要認識到解決經濟社會發展中一些長期存在的難題需要久久為功，又不能畏首畏尾，把問題留給後人，要抓鐵有痕、踏石留印，發揚釘釘子精神，一步一個腳印向前邁進。

3. 從問題導向和憂患意識把握新發展理念

(38) 發展理念是否對頭，從根本上決定著發展成效乃至成敗。黨的十八大以來，我們對經濟社會發展提出了許多重大理論和理念，其中新發展理念是最重要、最主要的。創新、協調、綠色、開放、共享的新發展理念，是在深刻總結國內外發展經驗教訓的基礎上形成的，也是針對我國發展中的突出矛盾和問題提出來的。要堅持問題導向，深入分析問題背後的原因，在貫徹落實新發展理念中及時化解矛盾風險，不斷提高國家安全能力。要認識到推動創新發展、協調發展、綠色發展、開放發展、共享發展，前提都是國家安全、社會穩定。必須以安全保發展、以發展促安全，把國家發展建立在更加安全、更為可靠的基礎之上。

創新發展注重的是解決發展動力問題。經過多年努力，我國科技整體水平大幅提升，但創新能力還不適應高質量發展要求，科技自立自強成為決定我國生存和發展的基礎能力，存在諸多"卡脖子"問題，這是我國這個經濟大個頭的"阿喀琉斯之踵"。新一輪科技革命帶來的是更加激烈的科技競爭，如果科技創新搞不上去，發展動力就不可能實現轉換，我們在全球經濟競爭中就會處於下風。必須堅持創新在我國現代化建設全局中的核心地位，以全球視野謀劃和推動創新，深入實施創新驅動發展戰略，加快建設世界科技強國，推動科技和經濟社會發展深度融合，通過創新培育發展新動力、塑造更多發揮先發優勢的引領型發展。

協調發展注重的是解決發展不平衡問題。我國發展不協調是一個長期存在的問題，突出表現在區域、城鄉、經濟和社會、物質文明和精神文明、經濟建設和國防建設等關係上。要注意調整關係，注重發展的整體效能，否則"木桶效應"就會愈加顯現，一系列社會矛盾會不斷加深。必須牢牢把握中國特色社會主義事業總體佈局，通過補齊短板挖掘發展潛力、增強發展後勁，不斷增強發展整體性。

綠色發展注重的是解決人與自然和諧問題。良好生態環境是人和社會持續發展的根本基礎，隨著經濟社會發展和人民生活水平不斷提高，環境問題往往最容易引起群眾不滿。必須堅定走生產發展、生活富裕、生態良好的文明發展道路，加快推動產業結構、能源結構、交通運輸結構、用地結構調整，實現經濟社會發展與人口、資源、環境相協調，確保中華民族永續發展，為全球生態安全作出我們應有的貢獻。當前，加快推動經濟社會發展全面綠色轉型已經形成高度共識，而我國能源體系高度依賴煤炭等化石能源，生產和生活體系向綠色低碳轉型的壓力都很大，實現二〇三〇年前二氧化碳排放達到峰值、二〇六〇年前碳中和的目標任務極其艱巨。實現碳達峰、碳中和是推動高質量發展的內在要求，要堅定不移推進，但不可能畢其功於一役。要堅持全國統籌、節約優先、雙輪驅動、內外暢通、防範風險的原則。傳統能源逐步退出要建立在新能源安全可靠的替代基礎上。

開放發展注重的是解決發展內外聯動問題。國際經濟合作和競爭局面正在發生深刻變化，全球經濟治理體系和規則正在面臨重大調整，應對外部經濟風險、維護國家經濟安全的壓力也是過去所不能比擬的。我國對外開放水平總體上還不夠高，用好國際國內兩個市場、兩種資源的能力還不夠強。必須堅持對外開放的基本國策，建設多元平衡、安全高效的全面開放體系，發展更高層次的開放型經濟，以擴大開放帶動創新、推動改革、促進發展。越開放越要重視安全，越要統籌好發展和安全，著力增強自身競爭能力、開放監管能力、風險防控能力。

共享發展注重的是解決社會公平正義問題。當前，全球收入不平等問題突出，一些國家貧富分化，中產階層塌陷，導致社會撕裂、政治極化、民粹主義泛濫，教訓十分深刻。從國內看，在共享改革發展成果上，無論是實際情況還是制度設計，都還有不完善的地方，實現人的全面發展和全體人民共同富裕仍然任重道遠。共享是中國特色社會主義的本質要求，實現共同富裕不僅是經濟問題，而且是關係黨的執政基礎的重大政治問題。必須從全心全意為人民服務的根本宗旨把握新發展理念，堅決防止兩極分化，決不能在富的人和窮的人之間出現一道不可逾越的鴻溝。實現共同富裕目標，首先要通過全國人民共同奮鬥把"蛋糕"做大做好，然後通過合理的制度安排把"蛋糕"切好分好。這是一個長期的歷史過程，要穩步朝著這個目標邁進。要在推動高質量發展中強化就業優先導向，提高經濟增長的就業帶動力。要發揮分配的功能和作用，堅持按勞分配為主體，完善按要素分配政策，加大稅收、社保、轉移支付等的調節力度，優化收入分配結構，擴大中等收入群體。支持有意願有能力的企業和社會群體積極參與公益慈善事業。要堅持盡力而為、量力而行，完善公共服務政策制度體系，在教育、醫療、養老、住房等人民群眾最關心的領域精準提供基本公共服務。

4. 構建新發展格局要牢牢守住安全發展底線

(39) 加快構建以國內大循環為主體、國內國際雙循環相互促進的新發展格局，是一項關係我國發展全局的重大戰略任務。習近平總書記指出："要牢牢守住安全發展這條底線。這是構建新發展格局的重要前提和保障，也是暢通國內大循環的題中應有之義。" 近年來，經濟全球化遭遇逆流，國際經濟循環格局發生深度調整。新冠肺炎疫情也加劇了逆全球化趨勢，各國內顧傾向上升。市場和資源兩頭在外的國際大循環動能明顯減弱，大進大出的環境條件已經變化。在當前全球市場萎縮的外部環境下，必須集中力量辦好自己的事，加快構建新發展格局，在各種可以預見和難以預見的狂風暴雨、驚濤駭浪中，增強我們的生存力、競爭力、發展力、持續力，確保中華民族偉大復興進程不被遲滯甚至中斷。構建新發展格局不是被迫之舉和權宜之計，而是把握未來發展主動權的戰略性佈局和先手棋，是一場需要保持頑強鬥志和戰略定力的攻堅戰、持久戰。

構建新發展格局的關鍵在於經濟循環的暢通無阻。如果經濟循環過程中出現堵點、斷點，循環就會受阻，在宏觀上就會表現為增長速度下降、失業增加、風險積累、國際收支失衡等情況，在微觀上就會表現為產能過剩、企業效益下降、居民收入下降等問題。在我國發展現階段，暢通經濟循環最主要的任務是供給側有效暢通，有效供給能力強可以穿透循環堵點、消除瓶頸制約。必須堅持深化供給側結構性改革這條主線，實現經濟在高水平上的動態平衡。

構建新發展格局最本質的特徵是實現高水平的自立自強。要把自主創新放在能不能生存和發展的高度加以認識，全面加強對科技創新的部署，加強創新鏈和產業鏈對接，創造有利於新技術快速大規模應用和迭代升級的獨特優勢，加速科技成果向現實生產力轉化，提升產業鏈水平，維護產業鏈安全，打通從科技強到產業強、經濟強、國家強的通道，以改革釋放創新活力，加快建立健全國家創新體系。

形成強大國內市場是構建新發展格局的重要支撐，也是大國經濟優勢所在。加快培育完整內需體系，有利於化解外部衝擊和外需下降帶來的影響，也有利於在極端情況下保證我國經濟基本正常運行和社會大局總體穩定。要把實施擴大內需戰略同深化供給側結構性改革有機結合起來，著力提升供給體系對國內需求的適配性，使生產、分配、流通、消費各環節更多依托國內市場實現良性循環。

我們只有立足自身，把國內大循環暢通起來，把安全發展貫穿國家發展各領域和全過程，努力煉就百毒不侵、金剛不壞之身，才能任由國際風雲變幻，始終充滿朝氣生存和發展下去，沒有任何人能打倒我們、卡死我們。改革開放以來，我們遭遇過很多外部風險衝擊，最終都能化險為夷，靠的就是辦好自己的事、把發展立足點放在國內。

(40) 要科學認識國內大循環和國內國際雙循環的關係。構建新發展格局是開放的國內國際雙循環，不是封閉的國內單循環。我國經濟已經深度融入世界經濟，同全球很多國家的產業關聯和相互依賴程度都比較高，內外需市場本身是相互依存、相互促進的。構建新發展格局，實行高水平對外開放，必須具備強大的國內經濟循環體系和穩固的基本盤，並以此形成對全球要素資源的強大吸引力、在激烈國際競爭中的強大競爭力、在全球資源配置中的強大推動力。要重視以國際循環提升國內大循環效率和水平，改善我國生產要素質量和配置水平。要通過參與國際市場競爭，增強我國出口產品和服務競爭力，推動我國產業轉型升級。

現在國際上保護主義思潮上升，但我們要站在歷史正確的一邊，以開放、合作、共贏胸懷謀劃發展，堅定不移推動經濟全球化朝著開放、包容、普惠、平衡、共贏的方向發展，推動建設開放型世界經濟。同時，要牢固樹立安全發展理念，加快完善安全發展體制機制，補齊相關短板，維護產業鏈、供應鏈安全，積極做好防範化解重大風險工作。

六、堅持把政治安全放在首要位置

—— 關於新時代國家安全的生命線

1. 政治安全是國家安全的根本

(41) 政治安全的核心是政權安全和制度安全，最根本的就是維護中國共產黨的領導和執政地位、維護中國特色社會主義制度。如果政治安全得不到保障，國家必然會陷入四分五裂、一盤散沙的局面，中華民族偉大復興就無從談起。

新形勢下，我國面臨複雜多變的發展和安全環境，各種可以預見和難以預見的風險因素明顯增多，如果得不到及時有效控制也有可能演變為政治風險，最終危及黨的執政地位、危及國家安全。全黨同志特別是各級領導幹部必須增強風險意識，提高防範政治風險能力。要增強政治敏銳性和政治鑒別力，以國家政治安全為大，對容易誘發政治問題特別是重大突發事件的敏感因素、苗頭性傾向性問題，做到眼睛亮、見事早、行動快，及時消除各種政治隱患，防止非公共性風險擴大為公共性風險、非政治性風險蔓延為政治風險，堅決防止和克服嗅不出敵情、分不清是非、辨不明方向的政治麻痺症。

2. 維護國家政權安全、制度安全

(42) 習近平總書記指出，"要把維護國家政治安全特別是政權安全、制度安全放在第一位"。我們治國理政的本根，就是中國共產黨領導和社會主義制度。任何人以任何藉口否定中國共產黨領導和我國社會主義制度，都是錯誤的、有害的，都是違反憲法的，都是絕對不能接受的。

必須毫不動搖堅持和鞏固黨的領導地位和執政地位。我們是中國共產黨執政，各民主黨派參政，沒有反對黨，不是三權鼎立、多黨輪流坐莊。我國憲法確認了中國共產黨的執政地位，確認了黨在國家政權結構中總攬全局、協調各方的核心地位。黨是領導一切的。中央委員會，中央政治局，中央政治局常委會，這是黨的領導決策核心。黨的領導是做好黨和國家各項工作的根本保證，人大、政府、政協、監察機關、審判機關、檢察機關、武裝力量，各民主黨派和無黨派人士，各企事業單位，工會、共青團、婦聯等群團組織，既各負其責，又相互配合，一個都不能少。在堅持黨的領導這個重大原則問題上，絕不能有任何含糊和動搖，要始終把握正確政治方向，堅持政治立場和政治原則。

必須毫不動搖堅持和完善中國特色社會主義制度。

制度優勢是一個國家的最大優勢，制度競爭是國家間最根本的競爭。制度穩則國家穩。中國特色社會主義制度是一個嚴密完整的科學制度體系，起四樑八柱作用的是根本制度、基本制度、重要制度，其中具有統領地位的是黨的領導制度。中國特色社會主義制度好不好、優越不優越，中國人民最清楚，也最有發言權。過去不能搞全盤蘇化，現在也不能搞全盤西化或者其他什麼化。我們既不走封閉僵化的老路，也不走改旗易幟的邪路，保持政治定力，堅定制度自信，不斷革除體制機制弊端，推動各方面制度更加成熟更加定型，推進國家治理體系和治理能力現代化。

在政治制度模式上，要咬定青山不放鬆、任爾東西南北風。堅定不移走中國特色社會主義政治發展道路，堅持黨的領導、人民當家作主、依法治國有機統一，堅持和完善人民代表大會制度、中國共產黨領導的多黨合作和政治協商制度、民族區域自治制度以及基層群眾自治制度。照抄照搬他國的政治制度行不通，會水土不服，會畫虎不成反類犬，甚至會把國家前途命運葬送掉。只有紮根本國土壤、汲取充沛養分的制度，才最可靠、也最管用。

(43) 各種敵對勢力一直企圖在我國製造"顏色革命"，妄圖顛覆中國共產黨領導和我國社會主義制度。

這是我國政權安全面臨的現實危險。西方國家策劃＂顏色革命＂，往往從所針對的國家的政治制度特別是政黨制度開始發難，大造輿論，大肆渲染，把不同於他們的政治制度和政黨制度打入另類，煽動民眾搞街頭政治。結果很多國家陷入政治動蕩、社會動亂，人民流離失所。境內外敵對勢力對我國實施西化、分化戰略一刻也沒有放鬆。我們頭腦一定要清醒、一定要堅定，面對大是大非敢於亮劍，面對矛盾敢於迎難而上。

3. 堅決打贏意識形態鬥爭

(44) 意識形態關乎旗幟、關乎道路、關乎國家政治安全。歷史和現實反覆證明，搞亂一個社會、顛覆一個政權，往往先從意識形態領域打開缺口，先從搞亂人們思想入手。思想防線被攻破了，其他防線就很難守住。在意識形態領域鬥爭上，我們沒有任何妥協、退讓的餘地，必須取得全勝。

新形勢下，意識形態領域鬥爭複雜尖銳。在國內，一些錯誤思潮和觀點不時出現，有的人藉口現實中存在的問題攻擊我們黨的領導和我國社會主義制度，有的人極力歪曲、醜化、否定我們的黨、我們的國家、我們的軍隊和我國革命、建設、改革的偉大實踐，有的人大肆宣揚西方的價值觀。國際上，西方敵對勢力一刻也沒有停止對我國進行意識形態滲透。他們極力宣揚所謂的"普世價值"，是掛羊頭賣狗肉，目的就是要同我們爭奪陣地、爭奪人心、爭奪群眾；千方百計利用一些熱點難點問題進行炒作，煽動基層群眾對黨委和政府的不滿，挑動黨群幹群對立情緒，企圖把人心搞亂。"謊言重複一千遍就會變成真理。"各種敵對勢力就是想利用這個邏輯，把我們黨、我們國家說得一塌糊塗、一無是處，誘使人們跟著他們的魔笛起舞。如果我們不主動宣傳、正確引導，別人就可能先聲奪人，搶佔話語權。

意識形態工作是黨的一項極端重要的工作。我們必須把意識形態工作的領導權、管理權、話語權牢牢掌握在手中，任何時候都不能旁落，否則就要犯無可挽回的歷史性錯誤。要落實意識形態工作責任制，把做好意識形態工作擺在重要位置，及時掌握意識形態形勢和動態，對各種政治性、原則性、導向性問題要敢抓敢管，對各種錯誤思想必須敢於亮劍，要當戰士、不當紳士，不做"騎牆派"和"看風派"，不能搞愛惜羽毛那一套。對那些惡意攻擊黨的領導、攻擊社會主義制度、歪曲黨史國史、造謠生事的言論，一切媒體、平台等都不能為之提供空間、提供方便。要防止各種敵對勢力借機干擾和破壞，避免一些具體問題演變成政治問題、局部問題演變成全局性事件，避免出現大的意識形態事件和輿論漩渦。

做好黨的新聞輿論工作，營造良好輿論環境，是治國理政、定國安邦的大事。要堅持黨管媒體的原則和制度不能變，所有從事新聞信息服務、具有媒體屬性和輿論動員功能的傳播平台都要納入管理範圍，所有新聞信息服務和相關業務從業人員都要實行准入管理。要堅持鞏固壯大主流思想輿論，弘揚主旋律，傳播正能量，激發全社會團結奮進的強大力量。

(45) 馬克思主義是我們立黨立國的根本指導思想。在堅持馬克思主義指導地位這一根本問題上，我們必須堅定不移，任何時候任何情況下都不能有絲毫動搖。一個政權的瓦解往往是從思想領域開始的，馬克思主義政黨一旦放棄馬克思主義信仰、社會主義和共產主義信念，就會土崩瓦解。共產黨人如果沒有信仰、沒有理想，或信仰、理想不堅定，精神上就會"缺鈣"，就會得"軟骨病"，就必然導致政治上變質、經濟上貪婪、道德上墮落、生活上腐化。社會上也存在一些模糊甚至錯誤的認識。有的認為馬克思主義已經過時，中國現在搞的不是馬克思主義；有的說馬克思主義只是一種意識形態說教，沒有學術上的學理性和系統性。實際工作中，在有的領域中馬克思主義被邊緣化、空泛化、標籤化，在一些學科中"失語"、教材中"失蹤"、論壇上"失聲"。這種狀況必須引起我們高度重視。

要全面貫徹習近平新時代中國特色社會主義思想，堅持把馬克思主義基本原理同中國具體實際相結合、同中華優秀傳統文化相結合，推進馬克思主義中國化時代化大眾化，建設具有強大凝聚力和引領力的社會主義意識形態。要教育引導全黨從黨的非凡歷程中領會馬克思主義是如何深刻改變中國、改變世界的，感悟馬克思主義的真理力量和實踐力量，深化對中國化馬克思主義既一脈相承又與時俱進的理論品質的認識，堅持不懈用黨的創新理論最新成果武裝頭腦、指導實踐、推動工作。要圍繞中國共產黨為什麼"能"、馬克思主義為什麼"行"、中國特色社會主義為什麼"好"等重大問題，廣泛開展宣傳教育，加強思想輿論引導，畫出最大的思想同心圓，使全體人民在理想信念、價值理念、道德觀念上緊緊團結在一起，讓正能量更強勁、主旋律更高昂。

(46) 互聯網已經成為意識形態鬥爭的主陣地、主戰場、最前沿。互聯網是我們面臨的"最大變量"，搞不好會成為我們的"心頭之患"。西方反華勢力一直妄圖利用互聯網"扳倒中國"，多年前有西方政要就聲稱"有了互聯網，對付中國就有了辦法"，"社會主義國家投入西方懷抱，將從互聯網開始"。隨著互聯網快速發展，包括新媒體從業人員和網絡"意見領袖"在內的網絡人士大量湧現。在這兩個群體中，有些經營網絡、是"搭台"的，有些網上發聲、是"唱戲"的，往往能左右互聯網的議題，能量不可小覷。在互聯網這個戰場上，我們能否頂得住、打得贏，直接關係我國意識形態安全和政權安全。

對網上輿論熱點，要深入研判。事實證明，網上發生的一些重大事件以及由此引發的重大社會事件，從來都不是個別人一時心血來潮搞起來的，而是各路角色粉墨登場、聯手行動的結果，是有選擇、有預謀、有計劃、有組織的。對這些情況，要有高度的政治警惕性和政治鑒別力，線上線下要密切聯動，不能雲裏來、霧裏去，決不能任由這些人造謠生事、煽風點火、渾水摸魚。

管好用好互聯網，重點要解決好誰來管、怎麼管的問題。要把黨管媒體的原則貫徹到新媒體領域，加大輿論引導力度，加快建立網絡綜合治理體系。要依法加強網絡空間治理，教育引導廣大網民遵守互聯網秩序，依法上網、文明上網，理性表達、有序參與。要高度重視網上輿論鬥爭，消除生成網上輿論風暴的各種隱患，加強網絡內容建設，做強網上正面宣傳，培育積極健康、向上向善的網絡文化，用社會主義核心價值觀和人類優秀文明成果滋養人心、滋養社會，為廣大網民特別是青少年營造一個風清氣正的網絡空間。各級黨委和黨員幹部要把維護網絡意識形態安全作為守土盡責的重要使命，充分發揮制度體制優勢，堅持管用防並舉，方方面面齊動手，堅決打贏網絡意識形態鬥爭，切實維護以政權安全、制度安全為核心的國家政治安全。

(47) 學校是意識形態工作的前沿陣地，可不是一個象牙之塔，也不是一個桃花源。各種敵對勢力從來沒有停止對中國共產黨領導和我國社會主義制度進行顛覆破壞活動，他們下功夫最大的一個領域就是爭奪我們的青少年。境外一些勢力經常在我國高校開展活動，一些境外宗教組織以高校為重點開展滲透活動，還有宗教極端勢力對一些高校少數民族學生滲透。我們培養人的目標是什麼要搞清楚，現在非常明確堅定地提出要培養社會主義建設者和接班人。如果培養了半天，培養出來的是吃裏扒外、吃哪家飯砸哪家鍋的人，甚至是我們這個制度的掘墓人，那就會是失敗的教育！各級黨委要把高校思想政治工作擺在重要位置，加強領導和指導，形成黨委統一領導、各部門各方面齊抓共管的工作格局。高校、院 (系) 等黨組織書記、行政負責人要擔負起政治責任和領導責任，認真落實意識形態工作責任制，敢抓敢管、敢於亮劍，做到守土有責、守土負責、守土盡責。如果有人以所謂 "學術自由" 為名詆毀馬克思主義、否定馬克思主義指導地位，那就應該旗幟鮮明予以抵制。要加強校報校刊和網絡治理，嚴明教學紀律，牢牢掌握意識形態工作領導權，用馬克思主義佔領高校意識形態陣地。

做好學校思想政治工作，要因事而化、因時而進、因勢而新。要開展馬克思主義理論教育，用習近平新時代中國特色社會主義思想鑄魂育人，引導學生增強中國特色社會主義道路自信、理論自信、制度自信、文化自信，厚植愛國主義情懷。要遵循思想政治工作規律，遵循教書育人規律，遵循學生成長規律，不斷提高工作能力和水平，堅決防範和清除各種錯誤政治思潮、分裂主義、宗教活動等對學校的侵蝕。要用好課堂教學這個主渠道，推動思想政治理論課改革創新，不斷增強思想性、理論性和親和力、針對性，滿足學生成長發展需求和期待。要運用新媒體新技術使工作活起來，推動思想政治工作傳統優勢同信息技術高度融合，增強時代感和吸引力。

4. 全面貫徹黨的民族政策和宗教政策

(48) 團結穩定是福，分裂動亂是禍。要準確把握和全面貫徹我們黨關於加強和改進民族工作的重要思想，以鑄牢中華民族共同體意識為主線，堅定不移走中國特色解決民族問題的正確道路，構築中華民族共有精神家園，促進各民族交往交流交融，推動民族地區加快現代化建設步伐，提升民族事務治理法治化水平，防範化解民族領域風險隱患，推動新時代黨的民族工作高質量發展。

鑄牢中華民族共同體意識是新時代黨的民族工作的"綱"，所有工作要向此聚焦。要引導各民族始終把中華民族利益放在首位，本民族意識要服從和服務於中華民族共同體意識，構建起維護國家統一和民族團結的堅固思想長城。要高舉各民族大團結旗幟，引導各族群眾增強對偉大祖國、中華民族、中華文化、中國共產黨、中國特色社會主義的認同，像石榴籽那樣緊緊抱在一起。要依法治理民族事務，推進民族事務治理體系和治理能力現代化，依法妥善處理涉民族因素的案事件。要堅決防範民族領域重大風險隱患，守住意識形態陣地，堅決遏制和打擊境內外敵對勢力利用民族問題進行的分裂、滲透、破壞活動，築牢民族團結、社會穩定、國家統一的銅牆鐵壁。

(49) 宗教工作在黨和國家工作全局中具有特殊重要性，關係中國特色社會主義事業發展，關係黨同人民群眾的血肉聯繫，關係社會和諧、民族團結，關係國家安全和祖國統一。必須建立健全強有力的領導機制，必須堅持和發展中國特色社會主義宗教理論，必須堅持黨的宗教工作基本方針，必須堅持我國宗教中國化方向，必須堅持把廣大信教群眾團結在黨和政府周圍，必須構建積極健康的宗教關係，必須支持宗教團體加強自身建設，必須提高宗教工作法治化水平。

要完整、準確、全面貫徹黨的宗教信仰自由政策，尊重群眾宗教信仰，依法管理宗教事務，堅持獨立自主自辦原則，積極引導宗教與社會主義社會相適應。黨的宗教工作的本質是群眾工作。信教群眾和不信教群眾在政治上經濟上的根本利益是一致的，都是黨執政的群眾基礎。既要保護信教群眾宗教信仰自由權利，最大限度團結信教群眾，也要耐心細緻做信教群眾工作。我國憲法法律保障公民信仰宗教的權利，但必須警惕宗教滲透的危險，警惕帶有政治意圖的宗教訴求。敵對勢力越是想借宗教問題做文章，我們就越是要把信教群眾緊緊團結在黨的周圍，更好組織和引導信教群眾同廣大人民群眾一道為全面建成社會主義現代化強國、實現中華民族偉大復興的中國夢而團結奮鬥。

要深入推進我國宗教中國化，引導和支持我國宗教以社會主義核心價值觀為引領，增進宗教界人士和信教群眾對偉大祖國、中華民族、中華文化、中國共產黨、中國特色社會主義的認同。支持宗教界對宗教思想、教規教義進行符合時代進步要求的闡釋，堅決防範西方意識形態滲透，自覺抵禦極端主義思潮影響。提高宗教工作法治化水平，依法對宗教工作進行管理，不允許有法外之地、法外之人、法外之教，堅持保護合法、制止非法、遏制極端、抵禦滲透、打擊犯罪的原則。宗教活動應當在法律法規規定範圍內開展，不得損害公民身體健康，不得違背公序良俗，不得干涉教育、司法、行政職能和社會生活。要堅持獨立自主自辦原則，統籌推進相關工作。要加強互聯網宗教事務管理。要切實解決影響我國宗教健康傳承的突出問題。

5. 防範化解黨的建設面臨的風險

(50) 堅持自我革命，確保黨不變質、不變色、不變味。我們黨歷史這麼長、規模這麼大、執政這麼久，如何跳出治亂興衰的歷史周期率？毛澤東同志在延安的窯洞裏給出了第一個答案，這就是"只有讓人民來監督政府，政府才不敢鬆懈"。經過百年奮鬥特別是黨的十八大以來新的實踐，我們黨又給出了第二個答案，這就是自我革命。

勇於自我革命是我們黨區別於其他政黨的顯著標

誌。中國共產黨的偉大不在於不犯錯誤，而在於從不諱疾忌醫，敢於直面問題，勇於自我革命，具有極強的自我修復能力。中國共產黨從來不代表任何利益集團、任何權勢團體、任何特權階層的利益。我們黨沒有任何自己特殊的利益，這是我們黨敢於自我革命的勇氣之源、底氣所在。正因為無私，才能本著徹底的唯物主義精神經常檢視自身、常思己過，才能擺脫一切利益集團、權勢團體、特權階層的"圍獵"腐蝕，並向黨內被這些集團、團體、階層所裹挾的人開刀。

黨的十八大以來，我們以堅定決心、頑強意志、空前力度推進全面從嚴治黨，正本清源、撥正船頭，保證全黨沿著正確航向前進，推動黨和國家事業取得歷史性成就、發生歷史性變革，對黨、對國家、對民族都產生了不可估量的深遠影響。同時，也要看到，全面從嚴治黨還遠未到大功告成的時候。黨面臨的長期執政考驗、改革開放考驗、市場經濟考驗、外部環境考驗具有長期性和複雜性，黨面臨的精神懈怠危險、能力不足危險、脫離群眾危險、消極腐敗危險具有尖銳性和嚴峻性，黨內存在的思想不純、政治不純、組織不純、作風不純等突出問題尚未得到根本解決。如果管黨不力、治黨不嚴，人民群眾反映強烈的黨內突出問題得不到解決，那我們黨遲早會失去執政資格，不可避免被歷史淘汰。

全黨同志要永葆自我革命精神，增強全面從嚴治黨永遠在路上的政治自覺，決不能滋生已經嚴到位、嚴到底的情緒。要堅持黨的政治建設，始終保持黨的團結統一，增強黨自我淨化、自我完善、自我革新、自我提高能力，把黨的偉大自我革命進行到底。凡是影響黨的創造力、凝聚力、戰鬥力的問題都要全力克服，凡是損害黨的先進性和純潔性的病症都要徹底醫治，凡是滋生在黨的健康肌體上的毒瘤都要堅決祛除。特別是對那些攫取國家和人民利益、侵蝕黨的執政根基、動搖社會主義國家政權的人，對那些在黨內搞政治團夥、小圈子、利益集團的人，要毫不手軟、堅決查處。

　　(51) 反腐敗鬥爭是一場輸不起也決不能輸的重大政治鬥爭。習近平總書記指出："黨面臨的最大風險和挑戰是來自黨內的腐敗和不正之風。"腐敗問題對黨的執政基礎破壞力最大、殺傷力也最大，是最容易顛覆政權的問題。不得罪成百上千的腐敗分子，就要得罪十四億人民，這是一筆再明白不過的政治賬、人心向背賬。必須清醒認識到，腐敗和反腐敗較量還在激烈進行，並呈現出一些新的階段性特徵，防範形形色色的利益集團成夥作勢、"圍獵"腐蝕還任重道遠，有效應對腐敗手段隱形變異、翻新升級還任重道遠，徹底鏟除腐敗滋生土壤、實現海晏河清還任重道遠，清理系統性腐敗、化解風險隱患還任重道遠。

打鐵必須自身硬。堅持無禁區、全覆蓋、零容忍，堅持重遏制、強高壓、長震懾，堅持受賄行賄一起查，堅決防止黨內形成利益集團，堅決防範各種利益集團"圍獵"和綁架領導幹部。把權力關進制度的籠子裏，依法設定權力、規範權力、制約權力、監督權力。要保持懲治腐敗高壓態勢，鞏固反腐敗鬥爭壓倒性勝利，一體推進不敢腐、不能腐、不想腐，強化不敢腐的震懾，紮牢不能腐的籠子，增強不想腐的自覺，通過不懈努力換來海晏河清、朗朗乾坤。

七、堅持統籌推進各領域安全

—— 關於新時代國家安全的主陣地主戰場

1. 維護國土安全

(52) 我們絕不允許任何人、任何組織、任何政黨、在任何時候、以任何形式、把任何一塊中國領土從中國分裂出去。一旦發生這樣的嚴重情況，中國人民必將予以迎頭痛擊。

"一國兩制"是解決歷史遺留的香港、澳門問題的最佳方案，也是香港、澳門回歸後保持長期繁榮穩定的最佳制度。要全面準確貫徹"一國兩制"、"港人治港"、"澳人治澳"、高度自治的方針，落實中央對香港、澳門特別行政區全面管治權，落實特別行政區維護國家安全的法律制度和執行機制，維護國家主權、安全、發展利益，維護特別行政區社會大局穩定，保持香港、澳門長期繁榮穩定。我國是單一制國家，中央對包括香港、澳門特別行政區在內的所有地方行政區域擁有全面管治權。特別行政區的高度自治權不是固有的，而是來源於中央授權。必須把維護中央對香港、澳門特別行政區全面管治權和保障特別行政區高度自治權有機結合起來，確保"一國兩制"方針不會變、不動搖,確保"一國兩制"實踐不變形、不走樣。必須牢固樹立"一國"意識,堅守"一國"原則,正確處理特別行政區和中央的關係。任何危害國家主權安全、挑戰中央權力和特別行政區基本法權威、利用特別行政區對內地進行滲透破壞的活動,都是對底線的觸碰,都是絕不能允許的。要確保"一國兩制"實踐行穩致遠,必須始終堅持"愛國者治港"、"愛國者治澳"。處理特別行政區的事務完全是中國內政,絕不允許任何外部勢力干預香港、澳門事務。

堅持一個中國原則和"九二共識",推進祖國和平統一進程。世界上只有一個中國,一個中國原則是兩岸關係的政治基礎。一九四九年以來,兩岸雖然尚未統一,但大陸和台灣同屬一個中國的事實從未改變,也不可能改變。兩岸復歸統一,是結束政治對立,不是領土和主權再造。堅持"和平統一、一國兩制"的基本方針,以和平方式實現祖國統一,最符合包括台灣同胞在內的中華民族整體利益。我們不承諾放棄使用武力,保留採取一切必要措施的選項,針對的是外部勢力干涉和極少數"台獨"分裂分子及其分裂活動,絕非針對台灣同胞。"台獨"煽動兩岸同胞敵意和對立,損害國家主權和領土完整,破壞台海和平穩定,阻撓兩岸關係發展,是祖國統一的最大障礙,是民族復興的嚴重隱患。包括兩岸同胞在內的所有中華兒女，要和衷共濟、團結向前，堅決粉碎任何"台獨"圖謀，共創民族復興美好未來。台灣問題純屬中國內政，不容任何外來干涉。台灣問題因民族弱亂而產生，必將隨著民族復興而解決。祖國完全統一的歷史任務一定要實現，也一定能夠實現。

(53) 堅決維護邊疆安全穩定和繁榮發展。要全面貫徹新時代黨的治藏方略，堅持治國必治邊、治邊先穩藏的戰略思想，把維護祖國統一、加強民族團結作為西藏工作的著眼點和著力點，堅持依法治藏、富民興藏、長期建藏、凝聚人心、夯實基礎的重要原則。要全面貫徹新時代黨的治疆方略，堅持把社會穩定和長治久安作為新疆工作總目標，依法治疆、團結穩疆、文化潤疆、富民興疆、長期建疆。要嚴厲打擊恐怖主義、分裂主義、極端主義這"三股勢力"，堅決防範"藏獨"、"東突"，紮牢安全籬笆，防範恐怖極端勢力回流。

維護國家海洋權益，著力推動海洋維權向統籌兼顧型轉變。建設海洋強國是中國特色社會主義事業的重要組成部分。我國既是陸地大國，也是海洋大國，擁有廣泛的海洋戰略利益。要進一步關心海洋、認識海洋、經略海洋，著眼於中國特色社會主義事業發展全局，統籌國內國際兩個大局，堅持陸海統籌，堅持走依海富國、以海強國、人海和諧、合作共贏的發展道路，通過和平、發展、合作、共贏方式，紮實推進海洋強國建設。統籌維穩和維權兩個大局，堅持維護國家主權、安全、發展利益相統一，維護海洋權益和提升綜合國力相匹配。要堅持用和平方式、談判方式解決爭端，努力維護和平穩定。要做好應對各種複雜局面的準備，提高海洋維權能力。要堅持"主權屬我、擱置爭議、共同開發"的方針，推進互利友好合作，尋求和擴大共同利益的匯合點。

南海諸島自古以來就是中國領土，維護自身的領土主權和正當合理的海洋權益，是中國政府必須承擔的責任。中國堅定維護在南海的主權和相關權利，堅定致力於維護南海地區和平穩定，堅持通過同有關當事國直接協商談判和平解決爭議。中方尊重和維護各國依據國際法享有的航行和飛越自由，同時不會接受任何以航行自由為藉口損害中國國家主權和安全利益的行為。中國對南沙部分駐守島礁進行了相關建設和設施維護，不影響也不針對任何國家，主要是為了改善島上人員工作生活條件，並提供相應國際公共產品服務，也有助於進一步維護南海航行自由和安全。

建設強大穩固的現代邊海空防。黨政軍警民合力強邊固防是我國邊海防的獨特優勢。統籌強邊固防和"一帶一路"建設、鄉村振興、興邊富民、生態保護等工作，促進邊境地區經濟社會發展和對外開放，維護沿邊沿海地區和管轄海域安全穩定與繁榮發展。周密組織邊境管控和海上維權行動，築牢邊海防銅牆鐵壁。堅持人民防空為人民，鑄就堅不可摧的護民之盾。

2.維護經濟安全

(54) 經濟安全是國家安全的基礎。以經濟建設為中心是興國之要，只有推動經濟持續健康發展，才能築牢國家繁榮富強、人民幸福安康、社會和諧穩定的物質基礎。在風雲變幻的世界經濟大潮中，能不能駕馭好我國經濟這艘大船，是對我們黨的重大考驗。要增強憂患意識、堅持底線思維，堅決維護我國發展利益，積極防範各種風險，確保國家經濟安全。宏觀經濟方面要防止大起大落，資本市場上要防止外資大進大出，糧食、能源、重要資源上要確保供給安全，要確保產業鏈、供應鏈穩定安全。要維護水利、電力、供水、油氣、交通、通信、網絡、金融等重要基礎設施安全。要正確認識和把握初級產品供給保障，堅持節約優先，實施全面節約戰略。在生產領域，推進資源全面節約、集約、循環利用。在消費領域，增強全民節約意識，倡導簡約適度、綠色低碳的生活方式。

(55) 保證基本經濟制度安全。改革開放以來，我們黨總結正反兩方面經驗，確立了社會主義初級階段的基本經濟制度，強調堅持公有制為主體、多種所有制經濟共同發展，明確公有制經濟和非公有制經濟都是社會主義市場經濟的重要組成部分，都是我國經濟社會發展的重要基礎。我們要毫不動搖鞏固和發展公有制經濟，毫不動搖鼓勵、支持、引導非公有制經濟發展，推動各種所有制取長補短、相互促進、共同發展。同時，我們也要十分明確，我國基本經濟制度是中國特色社會主義制度的重要支柱，也是社會主義市場經濟體制的根基，公有制主體地位不能動搖，國有經濟主導作用不能動搖。這是保證我國各族人民共享發展成果的制度性保證，也是鞏固黨的執政地位、堅持我國社會主義制度的重要保證。

進入新發展階段，我國發展內外環境發生深刻變化。要正確認識和把握資本的特性和行為規律。社會主義市場經濟是一個偉大創造，社會主義市場經濟中必然會有各種形態的資本，要發揮資本作為生產要素的積極作用，同時有效控制其消極作用。要為資本設置"紅綠燈"，依法加強對資本的有效監管，防止資本野蠻生長。要支持和引導資本規範健康發展。

(56) 提高經濟發展質量和效益。我國正處於跨越

"中等收入陷阱"並向高收入國家邁進的歷史階段。二十世紀六十年代以來，全球一百多個中等收入經濟體中只有十幾個成功進入高收入經濟體。那些取得成功的國家，就是在經歷高速增長階段後實現了經濟發展從量的擴張轉向質的提高。那些徘徊不前甚至倒退的國家，就是沒有實現這種根本性轉變。我們要注意跨越"中等收入陷阱"，就是要提高我國經濟發展質量和效益。必須把發展質量問題擺在更為突出的位置，堅持質量第一、效益優先，切實轉變發展方式，推動質量變革、效率變革、動力變革，使發展成果更好惠及全體人民，不斷實現人民對美好生活的嚮往。

要堅持深化供給側結構性改革這條主線，積極推進去產能、去庫存、去杠桿、降成本、補短板，在"鞏固、增強、提升、暢通"八個字上下功夫，全面優化升級產業結構，提升創新能力、競爭力和綜合實力，增強供給體系的韌性，形成更高效率和更高質量的投入產出關係。供給側結構性改革要向振興實體經濟發力、聚力，圍繞產業基礎高級化、產業鏈現代化，發揮協同聯動的整體優勢，把實體經濟特別是製造業做實做優做強。要把握新一輪科技革命和產業變革新機遇，促進數字技術與實體經濟深度融合，賦能傳統產業轉型升級，催生新產業新業態新模式，不斷做強做優做大我國數字經濟，推動構築國家競爭新優勢。

（57）優化和穩定產業鏈、供應鏈。產業鏈、供應鏈在關鍵時刻不能掉鏈子，這是大國經濟必須具備的重要特徵。我國完備的產業體系、強大的動員組織和產業轉換能力，為抗擊新冠肺炎疫情提供了重要物質保障。同時，疫情衝擊也暴露出我國產業鏈、供應鏈存在的風險隱患。我們不應該也不可能再簡單重複過去的模式，而應該努力重塑新的產業鏈，全面加大科技創新和進口替代力度，這是深化供給側結構性改革的重點，也是實現高質量發展的關鍵。

要拉長長板，鞏固提升優勢產業的國際領先地位，鍛造一些"殺手鐧"技術，持續增強高鐵、電力裝備、新能源、通信設備等領域的全產業鏈優勢，提升產業質量，拉緊國際產業鏈對我國的依存關係，形成對外方人為斷供的強有力反制和威懾能力。要補齊短板，在關係國家安全的領域和節點構建自主可控、安全可靠的國內生產供應體系，在關鍵時刻可以做到自我循環，確保在極端情況下經濟正常運轉。要維護產業鏈、供應鏈的全球公共產品屬性，堅決反對把產業鏈、供應鏈政治化、武器化，維護產業鏈、供應鏈安全穩定，暢通世界經濟運行脈絡。

（58）牢牢把住糧食安全主動權。習近平總書記指出："糧食問題不能只從經濟上看，必須從政治上看，保障國家糧食安全是實現經濟發展、社會穩定、國家安全的重要基礎。"我國是個人口眾多的大國，解決好吃飯問題，始終是治國理政的頭等大事。中國人的飯碗要牢牢端在自己手上，我們的飯碗應該主要裝中國糧。手中有糧、心中不慌在任何時候都是真理，國家糧食安全這根弦什麼時候都要繃緊，一刻也不能放鬆。

　　總體看，我國糧食安全基礎仍不穩固，糧食安全形勢依然嚴峻，什麼時候都不能輕言糧食過關了。必須實施以我為主、立足國內、確保產能、適度進口、科技支撐的國家糧食安全戰略。要依靠自己保口糧，集中國內資源保重點，做到穀物基本自給、口糧絕對安全。對國內資源生產滿足不了或為土地等資源休養生息不得不進口的短缺糧食品種，要掌握進口的穩定性和主動權，把握適當比例，積極利用國外資源。

　　保障糧食安全，關鍵在於落實藏糧於地、藏糧於技戰略。耕地是糧食生產的命根子，耕地紅線一定要守住，千萬不能突破，也不能變通突破，要實行最嚴格的耕地保護制度，像保護大熊貓一樣保護耕地，持續推進高標準農田建設。必須把種子牢牢攥在自己手中，深入實施種業振興行動，把民族種業搞上去，把種源安全提升到關係國家安全的戰略高度，集中力量破難題、補短板、強優勢、控風險，實現種業科技自立自強、種源自主可控。要加快轉變農業發展方式，推進農業現代化，既要實現眼前的糧食產量穩定，又要形成新的競爭力，注重可持續性，增強政策精準性。糧食生產根本在耕地，命脈在水利，出路在科技，動力在政策，這些關鍵點要一個一個抓落實、抓到位，努力在高基點上實現糧食生產新突破。

(59) 確保能源和重要資源安全。習近平總書記指出，抓住能源就抓住了國家發展和安全戰略的"牛鼻子"。能源安全是關係國家經濟社會發展的全局性、戰略性問題，對國家繁榮發展、人民生活改善、社會長治久安至關重要。經過長期發展，我國已成為世界上最大的能源生產國和消費國，形成了煤炭、電力、石油、天然氣、新能源、可再生能源全面發展的能源供給體系，但也面臨著能源需求壓力巨大、能源供給制約較多、能源生產和消費對生態環境損害嚴重、能源技術水平總體落後、部分能源對外依存度高等挑戰。我們必須從國家發展和安全的戰略高度，審時度勢，借勢而為，找到順應能源大勢之道，保障經濟社會發展所需的資源能源持續、可靠和有效供給。

要推動能源消費革命，抑制不合理能源消費；推動能源供給革命，建立多元供應體系；推動能源技術革命，帶動產業升級；推動能源體制革命，打通能源發展快車道。要大力節約集約利用資源，推動資源利用方式根本轉變，加強全過程節約管理，大幅降低能源、水、土地消耗強度。要在主要立足國內的前提條件下，在能源生產和消費革命所涉及的各個方面加強國際合作，有效利用國際資源，實現開放條件下能源安全。

(60) 堅決守住不發生系統性金融風險底線。金融是國家重要的核心競爭力，維護金融安全是關係我國經濟社會發展全局的一件帶有戰略性、根本性的大事。當前，金融風險易發高發，雖然系統性風險總體可控，但不良資產風險、流動性風險、債券違約風險、外部衝擊風險、房地產泡沫風險、地方政府債務風險、互聯網金融風險等不容忽視。如果我們將來出大問題，很可能就會在這個領域出問題，這一點要高度警惕。

防範化解金融風險，特別是防止發生系統性金融風險，是金融工作的根本性任務，也是金融工作的永恒主題。要科學防範金融風險，早識別、早預警、早發現、早處置，著力防範化解重點領域風險，著力整治各種金融亂象，著力加強風險源頭管控，著力完善金融安全防線和風險應急處置機制。要繼續按照穩定大局、統籌協調、分類施策、精準拆彈的方針，抓好風險處置工作，加強金融法治建設，壓實地方、金融監管、行業主管等各方責任，壓實企業自救主體責任。要堅持底線思維，堅持問題導向，著力深化金融改革，加強金融監管，科學防範風險，強化安全能力建設，不斷提高金融業競爭能力、抗風險能力、可持續發展能力。

(61) 織密織牢開放安全網。在經濟全球化深入發展的條件下，我們不可能關起門來搞建設，而是要善於統籌國內國際兩個大局，利用好國際國內兩個市場、兩種資源。必須處理好自立自強和開放合作的關係，處理好積極參與國際分工和保障國家安全的關係，處理好利用外資和安全審查的關係，提高監管能力，築牢安全網。

要順應我國經濟深度融入世界經濟的趨勢，發展更高層次的開放型經濟，實現高質量引進來和高水平走出去，推動貿易創新發展，積極參與全球經濟治理，促進國際經濟秩序朝著平等公正、合作共贏的方向發展。加強頂層設計、謀劃大棋局，既要謀子更要謀勢，加快推進規則標準等制度型開放，完善自由貿易試驗區佈局，建設更高水平開放型經濟新體制。堅持底線思維、注重防風險，做好風險評估，努力排除風險因素，加強先行先試、科學求證，加快建立健全綜合監管體系，大力提升國內監管能力和水平，完善安全審查機制，重視運用國際通行規則維護國家安全。

3. 維護科技安全

(62) 強化科技自立自強作為國家安全和發展的戰略支撐作用。科技是國家強盛之基，創新是民族進步之魂。習近平總書記指出：“當今世界正經歷百年未有之大變局，科技創新是其中一個關鍵變量。”從某種意義上說，科技實力決定著世界政治經濟力量對比的變化，也決定著各國各民族的前途命運。中國近代史上落後挨打的根子之一就是技術落後。當前，新一輪科技革命和產業變革突飛猛進，圍繞科技制高點的競爭空前激烈。科技創新成為國際戰略博弈的主要戰場，科學技術的重要性全面上升。誰牽住了科技創新這個“牛鼻子”，誰走好了科技創新這步先手棋，誰就能佔領先機、贏得優勢。

黨的十八大以來，我國科技事業取得歷史性成就、發生歷史性變革。重大創新成果競相湧現，一些前沿領域開始進入並跑、領跑階段，科技實力正在從量的積累邁向質的飛躍，從點的突破邁向系統能力提升。同時，也要看到，我國原始創新能力還不強，創新體系整體效能還不高，科技創新資源整合還不夠，科技創新力量佈局有待優化。要面向世界科技前沿、面向經濟主戰場、面向國家重大需求、面向人民生命健康，深入實施科教興國戰略、人才強國戰略、創新驅動發展戰略，完善國家創新體系，加快建設科技強國，實現高水平科技自立自強。

(63) 堅定不移走自主創新道路。創新是引領發展的第一動力，是國家綜合國力和核心競爭力的最關鍵因素。實踐告訴我們，自力更生是中華民族自立於世界民族之林的奮鬥基點，自主創新是我們攀登世界科技高峰的必由之路。我們是一個大國，在科技創新上要有自己的東西。如果總是跟蹤模仿，是沒有出路的，不僅差距會越拉越大，還將被長期鎖定在產業分工格局的低端。要堅定創新自信，緊抓創新機遇，堅持創新在我國現代化建設全局中的核心地位，把原始創新能力提升擺在更加突出的位置，全面增強自主創新能力，掌握新一輪全球科技競爭的戰略主動。自主創新是開放環境下的創新，絕不能關起門來搞。越是面臨封鎖打壓，越不能搞自我封閉、自我隔絕。要更加主動地融入全球創新網絡，在開放合作中提升自身科技創新能力。

世界科技強國競爭，比拚的是國家戰略科技力量。要抓緊佈局國家實驗室，重組國家重點實驗室體系，發揮高校在科研中的重要作用，調動各類科研院所的積極性，形成戰略力量。科技創新活動不斷突破地域、組織、技術的界限，演化為創新體系的競爭。要深化科技體制改革，改善科技創新生態，加強體系建設和能力建設，完善國家創新體系，解決資源配置重複、科研力量分散、創新主體功能定位不清晰等突出問題，提高創新體系整體效能。

走好人才自主培養之路。人才是創新的第一資源，創新驅動實質上是人才驅動，誰擁有一流的創新人才，誰就擁有了科技創新的優勢和主導權。中國是一個大國，對人才數量、質量、結構的需求是全方位的，滿足這樣龐大的人才需求必須主要依靠自己培養，提高人才供給自主可控能力。要深入實施新時代人才強國戰略，深化人才發展體制機制改革，激發各類人才創新活力，大力培養使用戰略科學家，打造大批一流科技領軍人才和創新團隊，造就規模宏大的青年科技人才隊伍，培養大批卓越工程師。要構築集聚全球優秀人才的科研創新高地，完善高端人才、專業人才來華工作、科研、交流的政策。

(64) 堅決打贏關鍵核心技術攻堅戰。關鍵核心技術是國之重器。在國際上，沒有核心技術的優勢就沒有政治上的強勢。實踐反覆告訴我們，關鍵核心技術是要不來、買不來、討不來的。習近平總書記指出："人家把核心技術當'定海神針'、'不二法器'，怎麼可能提供給你呢？"只有把核心技術掌握在自己手中，才能真正掌握競爭和發展的主動權，才能從根本上保障國家經濟安全、國防安全和其他安全。

加快構建關鍵核心技術攻關新型舉國體制。我國社會主義制度能夠集中力量辦大事是我們成就事業的重要法寶。我國很多重大科技成果都是依靠這個法寶搞出來的。要推動有效市場和有為政府更好結合，充分發揮國家作為重大科技創新組織者的作用，充分發揮市場在資源配置中的決定性作用，把政府、市場、社會等各方面力量擰成一股繩，形成推進科技創新的強大合力。

加快攻克重要領域"卡脖子"技術。科技攻關要堅持問題導向，奔著最緊急、最緊迫的問題去。要從國家急迫需要和長遠需求出發，在石油天然氣、基礎原材料、高端芯片、工業軟件、農作物種子、科學試驗用儀器設備、化學製劑等方面關鍵核心技術上全力攻堅，努力實現關鍵核心技術自主可控，把創新主動權、發展主動權牢牢掌握在自己手中。

核心技術的根源問題是基礎研究問題，基礎研究搞不好，應用技術就會成為無源之水、無本之木。要瞄準世界科技前沿，強化基礎研究，努力實現更多從零到一的突破。基礎研究要勇於探索、突出原創，更要應用牽引、突破瓶頸，從經濟社會發展和國家安全面臨的實際問題中凝練科學問題，弄通"卡脖子"技術的基礎理論和技術原理。要加大基礎研究財政投入力度、優化支出結構，形成持續穩定的投入機制。要維護知識產權領域國家安全，加強事關國家安全的關鍵核心技術的自主研發和保護，依法管理涉及國家安全的知識產權對外轉讓行為，依法懲治侵犯知識產權和科技成果的違法犯罪行為。

(65) 積極搶佔科技競爭和未來發展制高點。中國要強盛、要復興，就一定要大力發展科學技術，努力成為世界主要科學中心和創新高地。近代以來，西方國家之所以能稱雄世界，一個重要原因就是掌握了高端科技。要牢牢把握科技進步大方向，強化戰略導向和目標引導，加快構築支撐高端引領的先發優勢，在重要科技領域成為領跑者，在新興前沿交叉領域成為開拓者，為建設科技強國、質量強國、航天強國、網絡強國、交通強國、數字中國、智慧社會提供有力支撐。

加強重大創新領域戰略研判和前瞻部署。推動科技發展，必須準確判斷科技突破方向。判斷準了就能抓住先機。要密切跟蹤、科學研判世界科技創新發展的趨勢，以關鍵共性技術、前沿引領技術、現代工程技術、顛覆性技術創新為突破口，瞄準人工智能、量子信息、集成電路、先進製造、生命健康、腦科學、生物育種、空天科技、深地深海等前沿領域，前瞻部署一批戰略性、儲備性技術研發項目，實施好國家重大科學計劃和科學工程，加快在國際科學前沿領域搶佔制高點。要瞄準經濟建設和事關國家安全的重大工程科技問題，加快自主創新成果轉化應用，在前瞻性、戰略性領域打好主動仗。

發展獨有的"殺手鐧"，確保不被敵實施技術突襲。如果我們沒有一招鮮、幾招鮮，最終還是要受制於人。習近平總書記指出，"我國科技如何趕超國際先進水平？要採取'非對稱'戰略，更好發揮自己的優勢"。要確定正確的跟進和突破策略，按照主動跟進、精心選擇、有所為有所不為的方針，提高技術認知力，加強獨創性設計，對看準的，要超前規劃佈局，加大投入力度，加速趕超步伐。

(66) 科技是發展的利器，也可能成為風險的源頭。古往今來，很多技術都是"雙刃劍"。一方面可以造福社會、造福人民，另一方面也可以被一些人用來損害社會公共利益和民眾利益。這也提醒我們，在發展新技術新業務時，必須警惕風險蔓延。

新科技革命和產業變革是一次全方位變革，將對人類生產模式、生活方式、價值理念產生深刻影響。要堅持促進創新與防範風險相統一、制度規範與自我約束相結合，把科技倫理要求貫穿到科學研究、技術開發等科技活動全過程，覆蓋到科技創新各領域，及時從規制上做好應對，確保科技活動風險可控。要加快科技安全預警監測體系建設，圍繞人工智能、基因編輯、醫療診斷、自動駕駛、無人機、服務機器人等領域，加快推進相關立法工作。要把提升包容性置於更突出位置，處理好公平和效率、資本和勞動、技術和就業的關係，讓更多人共享發展成果。

科技創新是人類社會發展的重要引擎，是應對許多全球性挑戰的有力武器。科技成果應該造福全人類，而不應該成為限制、遏制其他國家發展的手段。要深度參與全球科技治理，貢獻中國智慧，塑造科技向善的文化理念，讓科技更好增進人類福祉，讓中國科技為推動構建人類命運共同體作出更大貢獻。

4. 維護文化安全

(67) 文化是一個國家、一個民族的靈魂。歷史和現實都表明，一個拋棄了或者背叛了自己歷史文化的民族，不僅不可能發展起來，而且很可能上演一幕幕歷史悲劇。文化自信，是更基礎、更廣泛、更深厚的自信，是更基本、更深沉、更持久的力量。堅定文化自信，是事關國運興衰、事關文化安全、事關民族精神獨立性的大問題。中華民族生生不息綿延發展、飽受挫折又不斷浴火重生，都離不開中華文化的有力支撐。

我國正處在大發展大變革大調整時期，國際國內形勢的深刻變化使我國意識形態領域面臨著空前複雜的情況，各種思想文化相互激蕩，不同文明交流交融交鋒更加頻繁，進一步凸顯了思想文化力量在綜合國力競爭中的戰略地位。在這樣的情況下，如何提高整合社會思想文化和價值觀念的能力，擴大主流價值觀念的影響力，掌握價值觀念領域的主動權、主導權、話語權，是我們必須解決好的重大課題。

(68) 價值觀念在一定社會的文化中是起中軸作用的，文化的影響力首先是價值觀念的影響力。世界上各種文化之爭，本質上是價值觀念之爭，也是人心之爭、意識形態之爭，正所謂 "一時之強弱在力，千古之勝負在理"。歷史和現實都表明，核心價值觀是一個國家的重要穩定器，能否構建具有強大感召力的核心價值觀，關係社會和諧穩定，關係國家長治久安。如果沒有共同的核心價值觀，一個民族、一個國家就會魂無定所、行無依歸。一些國家發生社會動蕩、政權更迭，很重要的一個原因就是核心價值體系混亂了，核心價值觀受到了懷疑和否定。我國是一個有著十四億多人口、五十六個民族的大國，確立反映全國各族人民共同認同的價值觀 "最大公約數"，使全體人民同心同德、團結奮進，關乎國家前途命運，關乎人民幸福安康。

社會主義核心價值觀決定著各民族共有精神家園的發展方向。要把培育和弘揚社會主義核心價值觀作為凝魂聚氣、強基固本的基礎工程，作為一項根本任務，加快構建充分反映中國特色、民族特性、時代特徵的價值體系，努力搶佔價值體系的制高點。要加強社會主義核心價值體系建設，使之成為全體人民的共同價值追求。要堅持從小就抓、從幼兒園就抓，注重從少數民族文化中汲取營養，創新載體和方式，搞好網上和網下結合，增進各族群眾對偉大祖國、中華民族、中華文化、中國共產黨、中國特色社會主義的認同，形成各民族同呼吸、共命運、心連心的牢固精神紐帶。

(69) 文化軟實力集中體現了一個國家基於文化而具有的凝聚力和生命力，以及由此產生的吸引力和影響力。古往今來，任何一個大國的發展進程，既是經濟總量、軍事力量等硬實力提高的進程，也是價值觀念、思想文化等軟實力提高的進程。提高國家文化軟實力，要努力夯實國家文化軟實力的根基，切實把我們自身的文化建設好。要努力傳播當代中國價值觀念，把當代中國價值觀念貫穿於國際交流和傳播方方面面。要努力展示中華文化獨特魅力，綜合運用大眾傳播、群體傳播、人際傳播等多種方式，把繼承傳統優秀文化又弘揚時代精神、立足本國又面向世界的當代中國文化創新成果傳播出去。

要努力提高國際話語權。落後就要挨打，貧窮就要挨餓，失語就要挨罵。經過幾代人不懈奮鬥，前兩個問題基本得到解決，但"挨罵"問題還沒有得到根本解決。加強和改進國際傳播工作，加快構建中國話語和中國敘事體系，打造融通中外的新概念、新範疇、新表述，依托我國發展的生動實踐，更加充分、更加鮮明地展現中國故事及其背後的思想力量和精神力量，廣泛宣介中國主張、中國智慧、中國方案，形成同我國綜合國力和國際地位相匹配的國際話語權。

(70) 中華優秀傳統文化是中華民族的精神命脈，是涵養社會主義核心價值觀的重要源泉，也是我們在世界文化激盪中站穩腳跟的堅實根基。拋棄傳統、丟掉根本，就等於割斷了自己的精神命脈。要加強對中華優秀傳統文化的挖掘和闡發，使中華民族最基本的文化基因同當代中國文化相適應、同現代社會相協調，把跨越時空、超越國界、富有永恒魅力、具有當代價值的文化精神弘揚起來，激活其內在的強大生命力。要科學對待民族傳統文化，科學對待世界各國文化，用人類創造的一切優秀思想文化成果武裝自己，推動中華優秀傳統文化創造性轉化、創新性發展。

歷史文化遺產是不可再生、不可替代的寶貴資源，不僅生動述說著過去，也深刻影響著當下和未來；不僅屬於我們，也屬於子孫後代。保護好、傳承好歷史文化遺產是對歷史負責、對人民負責。要用心用情用力保護好、管理好、運用好紅色資源，加強科學保護，開展系統研究，強化教育功能，講好黨的故事、革命的故事、英雄的故事。要傳承歷史文脈，處理好城市改造開發和歷史文化遺產保護利用的關係，切實做到在保護中發展、在發展中保護。要搞好歷史文化遺產保護工作，建立健全歷史文化遺產資源資產管理制度，健全不可移動文物保護機制，增強歷史文化遺產防護能力，嚴厲打擊文物犯罪。要加強非物質文化遺產保護和傳承，積極培養傳承人，讓非物質文化遺產綻放出更加迷人的光彩。

5. 維護社會安全

(71) 社會安全與人民群眾切身利益關係最密切，是人民群眾安全感的晴雨表，是社會安定的風向標。我國社會大局保持長期穩定，成為世界上最有安全感的國家之一。隨著經濟發展、社會進步，人民群眾對過上美好生活有更高的期待，對社會安全有更高的標準。我們要安而不忘危、治而不忘亂，增強憂患意識和責任意識，始終保持高度警覺，任何時候都不能麻痺大意。

要從人民群眾反映最強烈的問題入手，全面排查各類安全隱患，防範重大突發事件發生，妥善處置公共衛生、重大災害等影響國家安全的突發事件。堅持共建共治共享方向，聚焦影響國家安全、社會安定、人民安寧的突出問題，深入推進市域社會治理現代化，深化平安創建活動，加強基層組織、基礎工作、基本能力建設，建設更高水平的平安中國。

各級黨委和政府要切實肩負起"促一方發展、保一方平安"的政治責任，明確並嚴格落實責任制，加強對平安建設的組織領導，研究解決體制性、機制性、政策性問題，努力為人民安居樂業、社會安定有序、國家長治久安編織全方位、立體化的公共安全網。

(72) 要積極預防、妥善化解各類社會矛盾，著力防範管控各類社會風險，確保社會既充滿生機活力又保持安定有序。要增強發展的全面性、協調性、可持續性，加強保障和改善民生工作，從源頭上預防和減少社會矛盾的產生。要以促進社會公平正義、增進人民福祉為出發點和落腳點，推動發展成果更多更公平惠及全體人民。

各種人民內部矛盾和社會矛盾已經成為影響社會穩定很突出、處理起來很棘手的問題，而其中大量問題是由利益問題引發的。這就要求我們處理好維穩和維權的關係。既要解決合理合法訴求、維護群眾利益，也要引導群眾依法表達訴求、維護社會秩序。對涉及維權的維穩問題，首先要把群眾合理合法的利益訴求解決好。單純維穩，不解決利益問題，那是本末倒置，最後也難以穩定下來。要完善和落實維護群眾合法權益的體制機制，完善和落實社會穩定風險評估機制，預防和減少利益衝突。對各類社會矛盾，要引導群眾通過法律程序、運用法律手段解決，推動形成辦事依法、遇事找法、解決問題用法、化解矛盾靠法的良好環境。對群眾通過信訪渠道反映出來的信訪突出問題，要切實依法及時就地解決群眾合理訴求，真正把解決信訪問題的過程作為踐行黨的群眾路線、做好群眾工作的過程。

基層是社會和諧穩定的基礎。要加強和創新基層社會治理，堅持和完善新時代"楓橋經驗"，加強城鄉社區建設，強化網格化管理和服務，完善社會矛盾糾紛多元預防調處化解綜合機制。社會治理的重心必須落到城鄉社區，要把資源、服務、管理放到基層，加快形成社會治理人人參與、人人盡責的良好局面，使每個社會細胞都健康活躍，將矛盾糾紛化解在基層，將和諧穩定創建在基層。

(73) 創新完善立體化、信息化社會治安防控體系，保持對刑事犯罪的高壓震懾態勢，增強人民群眾安全感。近年來，全國社會治安形勢持續好轉，暴力犯罪案件數量不斷下降，人民群眾安全感穩步提升，同時這方面仍有不少突出問題，非法集資、信息泄露、網絡詐騙等案件相當猖獗，違法犯罪手段日趨信息化、動態化、智能化，以報復社會、製造影響為目的的個人極端暴力案件時有發生，嚴重暴力犯罪屢打不絕，等等。要圍繞影響群眾安全感的突出問題，履行好打擊犯罪、保護人民的職責，努力使人民群眾安全感更加充實、更有保障、更可持續。要加大警力投入，強化顯性用警，全面落實公安武警聯勤聯動聯防聯控機制，提高見警率、管事率。

要堅持保障合法權益和打擊違法犯罪兩手都要硬、都要快。對涉眾型經濟案件受損群體，要堅持把防範打擊犯罪同化解風險、維護穩定統籌起來，做好控贓控人、資產返還、教育疏導等工作。對涉槍涉爆、暴力恐怖和個人極端暴力犯罪，對盜搶騙、黃賭毒、食藥環等突出違法犯罪，要保持高壓震懾態勢，堅持重拳出擊、露頭就打。全面落實打防管控各項措施，堅決遏制電信網絡詐騙犯罪多發高發態勢。緊盯涉黑涉惡重大案件、黑惡勢力經濟基礎、背後 “關係網”、“保護傘” 不放，在打防並舉、標本兼治上下功夫，推動掃黑除惡常態化。

(74) 恐怖主義和極端思潮泛濫，是對和平與發展的嚴峻考驗。反恐怖鬥爭事關國家安全，事關人民群眾切身利益，事關改革發展穩定全局，是一場維護祖國統一、社會安定、人民幸福的鬥爭，必須採取堅決果斷措施，保持嚴打高壓態勢，築起銅牆鐵壁，對暴力恐怖活動發現一起、打掉一起，堅決把暴力恐怖分子囂張氣焰打下去，使暴力恐怖分子成為"過街老鼠、人人喊打"。暴力恐怖活動漠視基本人權、踐踏人道正義，挑戰的是人類文明共同的底線，既不是民族問題，也不是宗教問題，而是各族人民的共同敵人。我們要堅定不移相信和依靠各族幹部群眾，團結他們一道維護民族團結和社會穩定。

　　恐怖主義不分國界，也沒有好壞之分，反恐不能搞雙重標準。中國是恐怖主義的受害者，身處國際反恐鬥爭前沿。近年來，國際社會加大反恐合作，恐怖組織蔓延勢頭得到遏制，但恐怖主義毒瘤並未根除。開展反恐國際合作，一是要摒棄雙重標準，充分發揮聯合國在國際反恐鬥爭中的主導作用，矢志一心，形成合力；二是要妥善解決地區熱點問題，幫助有關國家盡快恢復穩定，遏制住恐怖主義蔓延猖獗之勢；三是要著眼長遠，綜合施策，標本兼治，政治、經濟、文化等多措並舉，切斷恐怖主義獲取資金的渠道，遏制恐怖主義利用互聯網從事恐怖傳播活動，從源頭肅清恐怖主義滋生的溫床。

(75) 充分發揮我國應急管理體系特色和優勢，積極推進我國應急管理體系和能力現代化。我國是世界上自然災害最為嚴重的國家之一，同時，我國各類事故隱患和安全風險交織疊加、易發多發，影響公共安全的因素日益增多。加強應急管理體系和能力建設，既是一項緊迫任務，又是一項長期任務。

要健全風險防範化解機制，加強風險評估和監測預警，加強重點行業領域的安全風險排查，提升多災種和災害鏈綜合監測、風險早期識別和預報預警能力，加強應急預案管理，落實各環節責任和措施，實施精準治理，堅持依法管理，築牢防災減災救災的人民防線。推動形成統一指揮、專常兼備、反應靈敏、上下聯動、平戰結合的中國特色應急管理體制，強化應急救援隊伍戰鬥力建設，建設區域應急救援中心，加強航空應急救援能力建設，發揮高鐵優勢構建力量快速輸送系統。要強化應急管理裝備技術支撐，加大先進適用裝備的配備力度，以信息化推進應急管理現代化。要發揮好應急管理部門的綜合優勢和各相關部門的專業優勢，確保責任鏈條無縫對接，形成整體合力。

6. 維護生態安全

(76) 生態環境安全是國家安全的重要組成部分,是經濟社會持續健康發展的重要保障。生態文明建設是關係中華民族永續發展的根本大計。生態文明建設做好了,對中國特色社會主義是加分項,反之就會成為別有用心的勢力攻擊我們的藉口。在生態環境保護上,一定要樹立大局觀、長遠觀、整體觀,不能因小失大、顧此失彼、寅吃卯糧、急功近利。我們要堅持節約資源和保護環境的基本國策,像保護眼睛一樣保護生態環境,像對待生命一樣對待生態環境。

總體上看,我國生態環境質量持續好轉,出現了穩中向好趨勢,但成效並不穩固,從量變到質變的拐點還沒有到來,稍有鬆懈就有可能出現反覆,猶如逆水行舟,不進則退。生態文明建設仍然面臨諸多矛盾和挑戰,正處於壓力疊加、負重前行的關鍵期,已進入提供更多優質生態產品以滿足人民日益增長的優美生態環境需要的攻堅期,也到了有條件有能力解決生態環境突出問題的窗口期。我們必須咬緊牙關,爬過這個坡,邁過這道坎。

新時代推進生態文明建設,要堅持人與自然和諧共生、綠水青山就是金山銀山、良好生態環境是最普惠的民生福祉、山水林田湖草沙是生命共同體、用最嚴格制度最嚴密法治保護生態環境、共謀全球生態文明建設等原則，建設美麗中國。

(77) 堅持不懈推動綠色低碳發展。習近平總書記指出："生態環境保護的成敗，歸根結底取決於經濟結構和經濟發展方式。"建立健全綠色低碳循環發展經濟體系、促進經濟社會發展全面綠色轉型是解決我國生態環境問題的基礎之策。我國生態文明建設進入了以降碳為重點戰略方向、推動減污降碳協同增效、促進經濟社會發展全面綠色轉型、實現生態環境質量改善由量變到質變的關鍵時期。要堅定不移走綠色低碳循環發展之路，構建綠色產業體系和空間格局，引導形成綠色生產方式和生活方式，促進人與自然和諧共生。

推動綠色低碳發展是國際潮流所向、大勢所趨，綠色經濟已經成為全球產業競爭制高點。一些西方國家對我國大打"環境牌"，多方面對我國施壓，圍繞生態環境問題的大國博弈十分激烈。實現碳達峰、碳中和是我國向世界作出的莊嚴承諾，要採取更加有力的政策和措施，力爭二〇三〇年前二氧化碳排放達到峰值，努力爭取二〇六〇年前實現碳中和。要處理好發展和減排的關係，堅持統籌謀劃，在降碳的同時確保能源安全、產業鏈供應鏈安全、糧食安全，確保群眾正常生活。各級黨委和政府要拿出抓鐵有痕、踏石留印的勁頭，明確時間表、路線圖、施工圖，推動經濟社會發展建立在資源高效利用和綠色低碳發展的基礎之上。

(78) 深入打好污染防治攻堅戰。現在，人民群眾對生態環境質量的期望值更高，對生態環境問題的容忍度更低。要集中攻克老百姓身邊的突出生態環境問題，堅持精準治污、科學治污、依法治污，保持力度、延伸深度、拓寬廣度，持續打好藍天、碧水、淨土保衛戰。堅決打贏藍天保衛戰是重中之重，要持續實施大氣污染防治行動計劃，基本消除重污染天氣，還老百姓藍天白雲、繁星閃爍。要深入實施水污染防治行動計劃，還給老百姓清水綠岸、魚翔淺底的景象。要全面落實土壤污染防治行動計劃，突出重點區域、行業和污染物，強化土壤污染管控和修復，有效防範風險，讓老百姓吃得放心、住得安心。持續開展農村人居環境整治行動，打造美麗鄉村，為老百姓留住鳥語花香田園風光。

(79) 提升生態系統質量和穩定性。我國環境容量有限，生態系統脆弱，污染重、損失大、風險高的生態環境狀況還沒有根本扭轉，並且獨特的地理環境加劇了地區間的不平衡。要堅持系統觀念，從生態系統整體性出發，推進山水林田湖草沙一體化保護和修復，更加注重綜合治理、系統治理、源頭治理。要加快劃定並嚴守生態保護紅線、環境質量底線、資源利用上線三條紅線。對突破三條紅線、仍然沿用粗放增長模式、吃祖宗飯砸子孫碗的事，絕對不能再幹，絕對不允許再幹。要有效防範生態環境風險，防止各類生態環境風險積聚擴散，做好應對任何形式生態環境風險挑戰的準備。要把生態環境風險納入常態化管理，系統構建全過程、多層級生態環境風險防範體系，著力提升突發環境事件應急處置能力。

　　加快推進生態保護修復，築牢國家生態安全屏障。長江擁有獨特的生態系統，是我國重要的生態寶庫，涉及長江的一切經濟活動都要以不破壞生態環境為前提，共抓大保護，不搞大開發。黃河是中華民族的母親河，沿岸各省區都要自覺承擔起保護黃河的重要責任，堅決杜絕污染黃河行為，讓母親河永遠健康。要重點實施青藏高原、黃土高原、雲貴高原、秦巴山脈、祁連山脈、大小興安嶺和長白山、南嶺山地地區、京津冀水源涵養區、內蒙古高原、河西走廊、塔里木河流域、滇桂黔喀斯特地區等關係國家生態安全區域的生態修復工程。要開展大規模國土綠化行動，推進天然林保護、防護林體系建設、京津風沙源治理、退耕還林還草、濕地保護恢復等重大生態工程，加強城市綠化，加快水土流失和荒漠化石漠化綜合治理。全面建立生態補償制度，形成受益者付費、保護者得到合理補償的良性局面。

(80) 提高生態環境領域國家治理體系和治理能力現代化水平。我國生態環境保護中存在的突出問題大多同體制不健全、制度不嚴格、法治不嚴密、執行不到位、懲處不得力有關。要健全黨委領導、政府主導、企業主體、社會組織和公眾共同參與的現代環境治理體系，構建一體謀劃、一體部署、一體推進、一體考核的制度機制。中央環境保護督察要強化權威，加強力量配備，向縱深發展，敢於動真格，不怕得罪人，咬住問題不放鬆，推動地方黨委和政府及其相關部門落實生態環境保護責任。要落實領導幹部生態文明建設責任制，嚴格考核問責。要下大氣力抓住破壞生態環境的反面典型，釋放出嚴加懲處的強烈信號。對任何地方、任何時候、任何人，凡是需要追責的，必須一追到底，決不能讓制度規定成為"沒有牙齒的老虎"。要嚴格用制度管權治吏、護藍增綠，有權必有責、有責必擔當、失責必追究，保證黨中央關於生態文明建設決策部署落地生根見效。

7. 維護軍事安全

(81) 強國必須強軍，軍強才能國安。國防和軍隊建設是國家安全的堅強後盾。沒有一個鞏固的國防，沒有一支強大的軍隊，和平發展就沒有保障。我們捍衛和平、維護安全、懾止戰爭的手段和選擇有多種多樣，但軍事手段始終是保底手段。

人民軍隊必須服從服務於黨的歷史使命，把握新時代國家安全戰略需求，為鞏固中國共產黨領導和我國社會主義制度提供戰略支撐，為捍衛國家主權、統一、領土完整提供戰略支撐，為維護我國海外利益提供戰略支撐，為促進世界和平與發展提供戰略支撐，擔當起黨和人民賦予的新時代使命任務。

面對國家安全環境的深刻變化，面對強國強軍的時代要求，必須全面貫徹習近平強軍思想，貫徹新時代軍事戰略方針，堅持黨對人民軍隊的絕對領導，堅持走中國特色強軍之路，建設一支聽黨指揮、能打勝仗、作風優良的人民軍隊，把人民軍隊建設成為世界一流軍隊。

(82) 堅持黨對軍隊的絕對領導，永葆人民軍隊性質、宗旨、本色。黨對軍隊絕對領導的根本原則和制度，發端於南昌起義，奠基於三灣改編，定型於古田會議。黨對軍隊的絕對領導是中國特色社會主義的本質特徵，是黨和國家的重要政治優勢，是人民軍隊的建軍之本、強軍之魂，是人民軍隊始終保持強大的凝聚力、向心力、創造力、戰鬥力的根本保證。在這個重大原則問題上，頭腦要特別清醒，態度要特別鮮明，行動要特別堅決，不能有任何動搖、任何遲疑、任何含糊。前進道路上，人民軍隊必須牢牢堅持黨對軍隊的絕對領導，把這一條當作人民軍隊永遠不能變的軍魂、永遠不能丟的命根子。

中央軍委實行主席負責制，就是中央軍委主席負責中央軍委全面工作，領導指揮全國武裝力量，決定國防和軍隊建設一切重大問題。軍委主席負責制是憲法和黨章規定的，是堅持黨對軍隊絕對領導的根本制度，解決的是我軍最高領導權和指揮權問題。對這項制度的極端重要性，要從黨、國家和軍隊興旺發達、長治久安的高度來認識。

堅持黨對軍隊的絕對領導，首先全軍對黨要絕對忠誠。這是馬克思主義建黨建軍的一條基本原則，是我們黨長期以來建軍治軍經驗教訓的深刻總結。敵對勢力加緊實施"政治轉基因"工程，極力鼓吹"軍隊非黨化、非政治化"和"軍隊國家化"，妄圖對我軍官兵拔根去魂。要教育引導廣大官兵把我軍政治靈魂融入血脈，強化政治意識、大局意識、核心意識、看齊意識，堅定不移聽黨的話、跟黨走。要嚴肅黨內政治生活，嚴肅政治紀律和政治規矩，以整風精神推進政治整訓，加強忠誠度鑒別和政治考察，確保槍桿子牢牢掌握在對黨絕對忠誠的人手中。

(83) 能戰方能止戰，全面提高新時代備戰打仗能力。軍隊是要準備打仗的，一切工作都必須堅持戰鬥力標準，向能打仗、打勝仗聚焦。準備打才可能不必打，越不能打越可能挨打，這就是戰爭與和平的辯證法。要正確認識和把握我國安全和發展大勢，強化憂患意識、危機意識、打仗意識，把新時代軍事戰略思想立起來，把新時代軍事戰略方針立起來，把備戰打仗指揮棒立起來，把抓備戰打仗的責任擔當立起來。

人民軍隊永遠是戰鬥隊，人民軍隊的生命力在於戰鬥力。要時刻準備打仗，強化戰鬥隊意識，集中精力研究軍事、研究戰爭、研究打仗，真抓實備，常備不懈，確保隨時拉得出、上得去、打得贏。要與時俱進加強軍事戰略指導，進一步拓寬戰略視野、更新戰略思維、前移指導重心，把預防危機、遏制戰爭、打贏戰爭統一起來，把備戰與止戰、威懾與實戰、戰爭行動與和平時期軍事力量運用作為一個整體加以運籌。要紮實做好各戰略方向軍事鬥爭準備，統籌推進傳統安全領域和新型安全領域軍事鬥爭準備，加快打造高水平戰略威懾和聯合作戰體系。

軍隊能不能打仗、能不能打勝仗，指揮是一個決定性因素。要堅持聯合作戰統一籌劃、統一指揮大方向，強化聯合指揮、聯合行動、聯合保障，努力建設絕對忠誠、善謀打仗、指揮高效、敢打必勝的聯合作戰指揮機構，構建平戰一體、常態運行、專司主營、精幹高效的戰略戰役指揮體系。

軍事訓練是部隊經常性中心工作，是生成和提高戰鬥力的基本途徑。要圍繞實戰抓訓練，堅持仗怎麼打兵就怎麼練，打仗需要什麼就苦練什麼，什麼問題突出就解決什麼問題，全面提高軍事訓練實戰化水平。要緊盯科技之變、戰爭之變、對手之變，大力推進戰訓耦合，大力推進體系練兵，大力推進科技練兵，全面推進軍事訓練轉型升級，練就能戰善戰的精兵勁旅。

我軍歷來是打精氣神的，過去鋼少氣多，現在鋼多了，氣要更多，骨頭要更硬。要培育過硬戰鬥作風，發揚人民軍隊光榮傳統和優良作風，發揚革命英雄主義和集體主義精神，培養敢於鬥爭、敢於勝利的血性膽魄，激發一不怕苦、二不怕死的英雄氣概，鍛造召之即來、來之能戰、戰之必勝的精兵勁旅。

(84) 堅持走中國特色強軍之路，奮力推進國防和軍隊現代化建設。堅持政治建軍、改革強軍、科技強軍、人才強軍、依法治軍，全面推進軍事理論、軍隊組織形態、軍事人員、武器裝備現代化，加快機械化信息化智能化融合發展，全面加強練兵備戰，確保實現國防和軍隊現代化目標任務。要更加注重聚焦實戰、更加注重創新驅動、更加注重體系建設、更加注重集約高效、更加注重軍民融合，實現國防和軍隊建設更高質量、更高效益、更可持續的發展。

政治建軍是我軍的立軍之本。發揮政治工作生命線作用，培養有靈魂、有本事、有血性、有品德的新一代革命軍人，鍛造鐵一般信仰、鐵一般信念、鐵一般紀律、鐵一般擔當的過硬部隊。全面加強新時代我軍黨的領導和黨的建設工作，把黨的政治優勢和組織優勢轉化為制勝優勢。以永遠在路上的執著和韌勁，深入推進我軍黨風廉政建設和反腐敗鬥爭。

深化國防和軍隊改革是實現中國夢、強軍夢的時代要求，是強軍興軍的必由之路。堅持軍委管總、戰區主戰、軍種主建總原則，深入推進軍隊組織形態現代化，加快構建中國特色現代軍事力量體系，建立健全中國特色社會主義軍事政策制度體系，不斷解放和發展戰鬥力、解放和增強軍隊活力。

科技是核心戰鬥力。堅持向科技創新要戰鬥力，把我軍建設模式和戰鬥力生成模式轉到創新驅動發展的軌道上來。堅持自主創新戰略基點，加強基礎研究和原始創新，加快突破關鍵核心技術，加快發展戰略性、前沿性、顛覆性技術，加快實施國防科技和武器裝備重大戰略工程，不斷提高我軍建設科技含量。

強軍之道，要在得人。實施新時代人才強軍戰略，推動軍事人員能力素質、結構佈局、開發管理全面轉型升級，鍛造德才兼備的高素質、專業化新型軍事人才。貫徹新時代軍事教育方針，發揮院校教育、部隊訓練實踐、軍事職業教育綜合育人功能，培養大批練兵備戰行家裏手。突出政治標準和打仗能力，把強軍事業需要的人用起來，著力集聚矢志強軍打贏的各方面優秀人才。

依法治軍、從嚴治軍是強軍之基，是黨建軍治軍的基本方略。把依法從嚴貫穿國防和軍隊建設各領域全過程，著力構建中國特色軍事法治體系，推動實現治軍方式的根本性轉變，提高國防和軍隊建設法治化水平。加強權力運行制約和監督，切實把權力關進制度的籠子裏。

(85) 堅持富國和強軍相統一，構建一體化的國家戰略體系和能力。把軍民融合發展上升為國家戰略，是我們長期探索經濟建設和國防建設協調發展規律的重大成果，是從國家發展和安全全局出發作出的重大決策，是應對複雜安全威脅、贏得國家戰略優勢的重大舉措。要堅持全黨全國一盤棋，最大程度凝聚軍民融合發展合力，發揮好軍民融合對國防建設和經濟社會發展的雙向支撐拉動作用，實現經濟建設和國防建設綜合效益最大化，加快形成全要素、多領域、高效益的軍民融合深度發展格局。

軍隊打勝仗，人民是靠山。軍政軍民團結是我們的優良傳統和政治優勢。要完善國防動員體系，加強國防教育，增強全民國防觀念，使關心國防、熱愛國防、建設國防、保衛國防成為全社會的思想共識和自覺行動。要大力弘揚軍愛民、民擁軍的光榮傳統，鞏固發展堅如磐石的軍政軍民關係，匯聚起強國興軍的磅礴力量。

8. 維護網絡、人工智能、數據安全

(86) 維護網絡安全。網絡安全和信息化事關黨的長期執政，事關國家長治久安，事關經濟社會發展和人民群眾福祉。習近平總書記指出："沒有網絡安全就沒有國家安全；過不了互聯網這一關，就過不了長期執政這一關。" 當今世界，一場新的全方位綜合國力競爭正在全球展開，圍繞網絡空間發展主導權、制網權的爭奪日趨激烈，網絡安全威脅和風險日益突出，並日益向政治、經濟、文化、社會、生態、國防等領域傳導滲透。面對複雜嚴峻的網絡安全形勢，必須旗幟鮮明、毫不動搖堅持黨管互聯網，堅持積極利用、科學發展、依法管理、確保安全的方針，加大依法管理網絡力度，加強網上正面宣傳，推動信息領域核心技術突破，發揮信息化對經濟社會發展的引領作用，加強網信領域軍民融合，主動

參與網絡空間國際治理進程，自主創新推進網絡強國建設，提高網絡安全保障水平。

國家網絡安全工作要堅持網絡安全為人民、網絡安全靠人民，保障個人信息安全，維護公民在網絡空間的合法權益。要堅持網絡安全教育、技術、產業融合發展，形成人才培養、技術創新、產業發展的良性生態。要堅持促進發展和依法管理相統一，既大力培育人工智能、物聯網、下一代通信網絡等新技術新應用，又積極利用法律法規和標準規範引導新技術應用。要堅持安全可控和開放創新並重，立足於開放環境維護網絡安全，加強國際交流合作，提升廣大人民群眾在網絡空間的獲得感、幸福感、安全感。

築牢國家網絡安全屏障。我們面臨的網絡安全問題，很多是意識問題，要樹立正確的網絡安全觀。網絡安全是整體的而不是割裂的，是動態的而不是靜態的，是開放的而不是封閉的，是相對的而不是絕對的，是共同的而不是孤立的。關鍵信息基礎設施是網絡安全防護的重中之重。要加強網絡安全檢查，摸清家底，明確保護範圍和對象，及時發現隱患、修補漏洞，著力構建全國一體化的關鍵信息基礎設施安全保障體系，落實關鍵信息基礎設施防護責任。感知網絡安全態勢是做好網絡安全工作的基礎，要加強網絡安全信息統籌機制、手段、平台建設，加強網絡安全事件應急指揮能力建設，實現對網絡安全重大事件的統一協調指揮和響應處置。

增強網絡安全防禦能力和威懾能力。網絡安全的本質在對抗，對抗的本質在攻防兩端能力較量。要以技術對技術，以技術管技術，做到魔高一尺、道高一丈。互聯網核心技術是我們最大的"命門"，核心技術受制於人是我們最大的隱患。要緊緊牽住核心技術自主創新這個"牛鼻子"，抓緊突破網絡發展的前沿技術和具有國際競爭力的關鍵核心技術，加快推進國產自主可控替代計劃，構建安全可控的信息技術體系。要實施網絡信息領域核心技術設備攻堅戰略，推動高性能計算、移動通信、量子通信、核心芯片、操作系統等研發和應用取得重大突破。要加強網絡安全產業統籌規劃和整體佈局，培育扶持一批具有國際競爭力的網絡安全企業。

網信事業發展必須貫徹以人民為中心的發展思想，把增進人民福祉作為信息化發展的出發點和落腳點。要依法加強網絡空間治理，加強網絡內容建設，做強網上正面宣傳，推進網上宣傳理念、內容、形式、方法、手段等創新，把握好時度效，構建網上網下同心圓，培育積極健康、向上向善的網絡文化，堅決抵制各種錯誤思潮侵襲，為廣大網民特別是青少年營造一個風清氣正的網絡空間。網絡空間不是"法外之地"。要依法嚴厲打擊網絡黑客、電信網絡詐騙、侵犯公民個人隱私等違法犯罪行為，切斷網絡犯罪利益鏈條，持續形成高壓態勢，維護人民群眾合法權益。要深入開展網絡安全知識技能宣傳普及，提高廣大人民群眾網絡安全意識和防護技能。

共同維護網絡空間和平安全。網絡安全是全球性挑戰，沒有哪個國家能夠置身事外、獨善其身，維護網絡安全是國際社會的共同責任。要尊重網絡主權，尊重各國自主選擇網絡發展道路、網絡管理模式、互聯網公共政策和平等參與國際網絡空間治理的權利，不搞網絡霸權，不干涉他國內政，不從事、縱容或支持危害他國國家安全的網絡活動。各國應該共同努力，防範和反對利用網絡空間進行的恐怖、淫穢、販毒、洗錢、賭博等犯罪活動。不論是商業竊密，還是對政府網絡發起黑客攻擊，都應該根據相關法律和國際公約予以堅決打擊。要共同遏制信息技術濫用，反對網絡監聽和網絡攻擊，反對網絡空間軍備競賽。要推動制定各方普遍接受的網絡空間國際規則，制定網絡空間國際反恐公約，健全打擊網絡犯罪司法協助機制，打造網絡安全新格局，構建網絡空間命運共同體。

(87) 確保人工智能安全、可靠、可控。人工智能是引領這一輪科技革命和產業變革的戰略性技術，具有溢出帶動性很強的"頭雁"效應，正在對經濟發展、社會進步、國際政治經濟格局等方面產生重大而深遠的影響。發展新一代人工智能，是關係我國核心競爭力的戰略問題，是必須緊緊抓住的戰略制高點。

深刻認識和牢牢把握新一代人工智能發展帶來的重大機遇。要增加對基礎性研究的投入，支持科學家勇闖人工智能科技前沿的"無人區"，努力在人工智能發展方向和理論、方法、工具、系統等方面取得變革性、顛覆性突破，做出更多從零到一的重大獨創性貢獻。要加快實施人工智能重大項目，力爭盡早取得突破，確保我國在人工智能這個重要領域的理論研究走在前面、關鍵核心技術佔領制高點。要圍繞攻克關鍵核心技術、實現關鍵核心技術自主可控的戰略使命，以問題為導向，增強人工智能科技創新能力，建立新一代人工智能關鍵共性技術體系，在補齊高端芯片、關鍵部件、高精度傳感器等短板上抓緊佈局，確保人工智能關鍵核心技術掌握在自己手裏。

人工智能技術發展和其他技術進步一樣，也是一把"雙刃劍"。由於技術的不確定和應用的廣泛性，人工智能發展可能帶來改變就業結構、衝擊法律和社會倫理、侵犯個人隱私、挑戰國際準則等問題。我們要未雨綢繆，加強戰略研判，加強前瞻預防和約束引導，最大限度降低風險。要加快建立人工智能安全監管和評估體系，加強人工智能對國家安全和保密領域影響的研究和評估，完善人、技、物、管配套的安全防護體系，構建人工智能安全監測預警機制。要整合多學科力量，加強人工智能相關法律、倫理、社會問題研究，建立健全保障人工智能健康發展的法律法規、制度體系、倫理道德。

(88) 切實保障國家數據安全。浩瀚的數據海洋就如同工業社會的石油資源，蘊含著巨大生產力和商機，誰掌握了大數據技術，誰就掌握了發展的資源和主動權。要把握好大數據發展的重要機遇，促進大數據產業健康發展，處理好數據安全、網絡空間治理等方面的挑戰。

當前，數據安全問題比較突出，決不能掉以輕心。要加強關鍵信息基礎設施安全保護，強化國家關鍵數據資源保護能力，增強數據安全預警和溯源能力。要加強政策、監管、法律的統籌協調，加快法規制度建設。要制定數據資源確權、開放、流通、交易相關制度，完善數據產權保護制度。要加強數據安全管理，規範互聯網企業和機構對個人信息的採集使用，特別是做好數據跨境流動的安全評估和監管。一些涉及國家利益、國家安全的數據，很多掌握在互聯網企業手裏，企業要保證這些數據安全。要加大對技術專利、數字版權、數字內容產品及個人隱私等的保護力度，維護廣大人民群眾利益、社會穩定、國家安全。

面對各國對數據安全、數字鴻溝、個人隱私、道德倫理等方面的關切，我們要秉持以人為中心、基於事實的政策導向，攜手打造開放、公平、公正、非歧視的數字發展環境。中國發起"全球數據安全倡議"，旨在共同構建和平、安全、開放、合作、有序的網絡空間。要加強數據安全合作，共同完善數據治理規則，確保數據的安全有序利用。

9. 維護核安全

(89) 努力打造核安全命運共同體。核能發展伴生著核安全風險和挑戰。人類要更好利用核能、實現更大發展，就必須應對好各種核安全挑戰，維護好核材料和核設施安全。核能事業發展不停步，加強核安全的努力就不能停止。

加強核安全，既是我們的共同承諾，也是我們的共同責任。我們要堅持理性、協調、並進的核安全觀，以公平原則固本強基，以合作手段驅動發展，以共贏前景堅定信心，把核安全進程納入健康持續發展的軌道。堅持發展和安全並重，以確保安全為前提發展核能事業，要使核能事業發展的希望之火永不熄滅，就必須牢牢堅持安全第一原則；堅持權利和義務並重，以尊重各國權益為基礎推進國際核安全進程，切實履行核安全國際法律文書規定的義務，全面執行聯合國安理會有關決議，鞏固和發展現有核安全法律框架；堅持自主和協作並重，以互利共贏為途徑尋求普遍核安全，吸引更多國家加入國際核安全進程，爭取實現核安全進程全球化；堅持治標和治本並重，以消除根源為目標全面推進核安全努力，實現核能的持久安全和發展。

中國一向把核安全工作放在和平利用核能事業的首要位置。中國將繼續加強本國核安全，構建核安全能力建設網絡，推廣減少高濃鈾合作模式，實施加強放射源安全行動計劃，啟動應對核恐怖危機技術支持倡議，推廣國家核電安全監管體系。中國將堅定不移增強自身核安全能力，繼續致力於加強核安全政府監管能力建設，加大核安全技術研發和人力資源投入力度。堅定不移維護地區和世界和平穩定，堅持和平發展、合作共贏，通過平等對話和友好協商妥善處理矛盾和爭端，同各國一道致力於消除核恐怖主義和核擴散存在的根源。

加強國際核安全體系，是核能事業健康發展的基本前提，更是推進全球安全治理、構建新型國際關係、完善世界秩序的重要環節。強化政治投入，把握標本兼治方向。凝聚加強核安全的國際共識，對核恐怖主義零容忍、無差別，推動全面落實核安全法律義務及政治承諾。強化國家責任，構築嚴密持久防線。從國家層面部署實施核安全戰略，制定中長期核安全發展規劃，完善核安全立法和監管機制。強化國際合作，推動協調並進勢頭。以國際原子能機構為核心，協調、整合全球核安全資源。強化核安全文化，營造共建共享氛圍。法治意識、憂患意識、自律意識、協作意識是核安全文化的核心，要貫穿到每位從業人員的思想和行動中，使他們知其責、盡其職。

10. 維護生物、太空、深海、極地安全

(90) 生物安全問題已經成為全世界、全人類面臨的重大生存和發展威脅之一。生物安全關乎人民生命健康，關乎國家長治久安，關乎中華民族永續發展，是國家總體安全的重要組成部分，也是影響乃至重塑世界格局的重要力量。要深刻認識新形勢下加強生物安全建設的重要性和緊迫性，按照以人為本、風險預防、分類管理、協同配合的原則，加強國家生物安全風險防控和治理體系建設，提高國家生物安全治理能力，切實築牢國家生物安全屏障，牢牢掌握國家生物安全主動權。

完善國家生物安全治理體系，加強戰略性、前瞻性

研究謀劃，完善國家生物安全戰略。要健全黨委領導、政府負責、社會協同、公眾參與、法治保障的生物安全治理機制，強化各級生物安全工作協調機制。健全國家生物安全法律法規體系和制度保障體系，加強生物安全法律法規和生物安全知識宣傳教育，提高全社會生物安全風險防範意識。

重大傳染病和生物安全風險是事關國家安全和發展、事關社會大局穩定的重大風險挑戰。要強化系統治理和全鏈條防控，織牢織密生物安全風險監測預警網絡，快速感知識別新發突發傳染病、重大動植物疫情、微生物耐藥性、生物技術環境安全等風險因素，建立健全重大生物安全突發事件的應急預案，完善快速應急響應機制，加強應急物資和能力儲備，做到早發現、早預警、早應對。要盯牢抓緊生物安全重點風險領域，強化生物資源安全監管，制定完善生物資源和人類遺傳資源目錄。加強入境檢疫，強化潛在風險分析和違規違法行為處罰，堅決守牢國門關口。加強對國內病原微生物實驗室生物安全的管理，加強對抗微生物藥物使用和殘留的管理。

生命安全和生物安全領域的重大科技成果是國之重器，疫病防控和公共衛生應急體系是國家戰略體系的重要組成部分。加快推進生物科技創新和產業化應用，健全生物安全科研攻關機制，嚴格生物技術研發應用監管，嚴格科研項目倫理審查和科學家道德教育。加快推進人口健康、生物安全等領域科研力量佈局，提高疫病防控和公共衛生領域戰略科技力量和戰略儲備能力。要促進生物技術健康發展，有序推進生物育種、生物製藥等領域產業化應用。要中西醫結合、中西藥並用，集成推廣生物防治、綠色防控技術和模式，協同規範抗菌藥物使用，促進人與自然和諧共生。

(91) 要秉持和平、主權、普惠、共治原則，把太空、深海、極地等領域打造成各方合作的新疆域，而不是相互博弈的競技場。

外層空間是人類共同的財富，探索、開發、和平利用外層空間是人類共同的追求。空間技術深刻改變了人類對宇宙的認知，為人類社會進步提供了重要動力，同時浩瀚的空天還有許多未知的奧秘有待探索，必須推動空間科學、空間技術、空間應用全面發展。中國倡導世界各國在平等互利、和平利用、包容發展的基礎上，深入開展外空領域國際交流合作，合理開發、利用空間資源，保護空間環境，推動航天事業造福全人類。太空資產是國家戰略資產，要管好用好，更要保護好。要統籌實施國家太空系統運行管理，提高管理和使用效益。要全面加強防護力量建設，提高容災備份、抗毀生存、信息防護能力。要加強太空交通管理，確保太空系統穩定有序運行。要開展太空安全國際合作，提高太空危機管控和綜合治理效能。

深海蘊藏著地球上遠未認知和開發的寶藏，但要得到這些寶藏，就必須在深海進入、深海探測、深海開發方面掌握關鍵技術。要搞好海洋科技創新總體規劃，堅持有所為有所不為，重點在深水、綠色、安全的海洋高技術領域取得突破，尤其要推進海洋經濟轉型過程中急需的核心技術和關鍵共性技術的研究開發。要深入開展大洋科學考察工作，開展深海遠洋調查研究，提高深海勘探開發和運載能力。

北極問題已超出北極國家間問題和區域問題的範疇，涉及北極域外國家的利益和國際社會的整體利益，攸關人類生存與發展的共同命運，具有全球意義和國際影響。開發利用北極航道將為"一帶一路"建設同歐亞經濟聯盟對接合作提供新契機、增添新平台、注入新動力，有利於加強同相關各方互聯互通和互利共贏。安全和環保對北極通航至關重要。要深化與各方在北極科研、資源開發、地區環境保護等領域合作，維護並促進北極地區穩定和可持續發展。積極參與南極治理，加強與相關各方在南極科考等領域合作，更好地認識南極、保護南極、利用南極，努力為南極治理提供更加有效的公共產品和服務。

11. 維護海外利益安全

(92) 重視海外安全，維護好海外利益。我國企業在海外投資形成的資產規模迅速擴大，我國公民出境人數迅速增加。目前，我們在國際上基本是不設防的，也沒有什麼有效手段。遇到重大風險可以集中撤僑，但對活動在全球各地的我國公民和法人，我們的安保能力十分有限。這也是我們的一個突出短板。

古人常說，"危邦不入，亂邦不居"。國際市場是個大空間，雖然說 "天高任鳥飛，海闊憑魚躍"，但往哪飛、有沒有風浪也是要搞明白的，不能漫無目的亂飛，更不能往漩渦裏鑽。要注重了解國際事務，深入研究利益攸關國、貿易夥伴國、投資對象國的情況，做到心中有數、趨利避害。

要加強海外利益保護，確保海外重大項目和人員機構安全，保護我國海外金融、石油、礦產、海運和其他商業利益。要高度重視海外風險防範，完善安全風險防範體系，全面提高海外安全保障和應對風險能力，探索建立海外項目風險的全天候預警評估綜合服務平台，加強海外利益保護、國際反恐、安全保障等機制的協同協作。要加強溝通和合作，共同維護海上航行自由和通道安全，構建和平安寧、合作共贏的海洋秩序。

(93) 完善共建"一帶一路"安全保障體系。要正確認識和把握共建"一帶一路"面臨的新形勢。一方面，經濟全球化大方向沒有變，國際格局發展戰略態勢對我有利，共建"一帶一路"仍面臨重要機遇。另一方面，新一輪科技革命和產業變革帶來的激烈競爭前所未有，氣候變化、疫情防控等全球性問題對人類社會帶來的影響前所未有，共建"一帶一路"國際環境日趨複雜。

要統籌發展和安全、統籌國內和國際、統籌合作和鬥爭、統籌存量和增量、統籌整體和重點，積極應對挑戰，趨利避害，奮勇前進。要處理好我國利益和"一帶一路"沿線國家利益的關係，對外開放和維護國家安全的關係，加強同沿線國家在安全領域的合作，努力打造利益共同體、責任共同體、命運共同體。要落實風險防控制度，壓緊壓實企業主體責任和主管部門管理責任。要加強對境外我國公民疫情防控的指導和支持，統籌推進疫情防控和共建"一帶一路"合作，全力保障境外人員生命安全和身心健康，突出防控措施的精準性，著力保障用工需求、人員倒班回國、物資供應、資金支持等。要教育引導我國在海外企業和公民自覺遵守當地法律，尊重當地風俗習慣。要加快形成系統完備的反腐敗涉外法律法規體系，加大跨境腐敗治理力度。各類企業要規範經營行為，決不允許損害國家聲譽。

八、堅持把防範化解國家安全風險擺在突出位置

—— 關於新時代國家安全的中心任務

1. 增強憂患意識、防範風險挑戰要一以貫之

(94)"安而不忘危,存而不忘亡,治而不忘亂。"憂患意識是中華民族的一個重要精神特質。我們黨在內憂外患中誕生,在磨難挫折中成長,在戰勝風險挑戰中壯大,始終有著強烈的憂患意識、風險意識。我們共產黨人的憂患意識,就是憂黨、憂國、憂民意識,這是一種責任,更是一種擔當。我們黨一步步走過來,很重要的一條就是不斷總結經驗、提高本領,不斷提高應對風險、迎接挑戰、化險為夷的能力水平。

謀劃和推進黨和國家各項工作,必須深入分析和準確判斷世情國情黨情。當前,我國形勢總的是好的,但我們前進道路上面臨的困難和風險也不少,甚至會遇到難以想像的驚濤駭浪。不發展有不發展的問題,發展起來有發展起來的問題,而發展起來後出現的問題並不比發展起來前少,甚至更多更複雜了。過去長期困擾我們的一些矛盾不存在了,但新的矛盾不斷產生,其中很多

是我們沒有遇到、沒有處理過的。我們強調重視形勢分析，對形勢作出科學判斷，是為制定方針、描繪藍圖提供依據，也是為了使全黨同志特別是各級領導幹部增強憂患意識，做到居安思危、知危圖安。

(95) 中華民族偉大復興，絕不是輕輕鬆鬆、敲鑼打鼓就能實現的。越是接近目標，越需要全黨同志增強信心、勠力同心，保持憂患意識、增強鬥爭精神，沉著應對各種風險挑戰。習近平總書記強調："前進道路不可能一帆風順，越是取得成績的時候，越是要有如履薄冰的謹慎，越是要有居安思危的憂患，絕不能犯戰略性、顛覆性錯誤。"

2. 堅持底線思維

(96) 當前和今後一個時期是我國各類矛盾和風險易發期，各種可以預見和難以預見的風險因素明顯增多，各種風險挑戰不斷積累甚至集中顯露。我們面臨的風險也是多方面的，有外部風險，也有內部風險；有一般風險，也有重大風險。重大風險既包括國內的經濟、政治、意識形態、社會風險以及來自自然界的風險，也包括國際經濟、政治、軍事風險等。

必須清醒地看到，新形勢下我國國家安全和社會安定面臨的威脅和挑戰增多，特別是各種威脅和挑戰聯動效應明顯。各種矛盾風險挑戰源、各類矛盾風險挑戰點是相互交織、相互作用的。如果防範不及、應對不力，就會傳導、疊加、演變、升級，使小的矛盾風險挑戰發展成大的矛盾風險挑戰，局部的矛盾風險挑戰發展成系統的矛盾風險挑戰，國際上的矛盾風險挑戰演變為國內的矛盾風險挑戰，經濟、社會、文化、生態領域的矛盾風險挑戰轉化為政治矛盾風險挑戰，最終危及黨的執政地位、危及國家安全。需要注意的是，各種風險往往不是孤立出現的，很可能是相互交織並形成一個風險綜合體。

(97) 分析國際國內形勢，既要看到成績和機遇，更要看到短板和不足、困難和挑戰，看到形勢發展變化給我們帶來的風險，從最壞處著眼，做最充分的準備，朝好的方向努力，爭取最好的結果。習近平總書記多次講過 "木桶原理"。木桶有短板就裝不滿水，但木桶底板有洞就裝不了水。我們既要善於補齊短板，更要注重加固底板。防控和化解各種重大風險，就是加固底板。各種風險我們都要防控，但重點要防控那些可能遲滯或中斷中華民族偉大復興進程的全局性風險，這是底線思維的根本含義。

堅持實事求是、冷靜客觀是真正的自信，對最壞的情景一旦心中有數，就能迎難而上、化危為機，天塌不下來。必須樹立底線思維，把困難估計得更充分一些，把風險思考得更深入一些，注重堵漏洞、強弱項，提高防控能力，用大概率思維應對小概率事件，牢牢守住不發生系統性風險的底線。

3. 下好先手棋、打好主動仗

(98) 面對波譎雲詭的國際形勢、複雜敏感的周邊環境、艱巨繁重的改革發展穩定任務，我們既要高度警惕"黑天鵝"事件，也要防範"灰犀牛"事件；既要有防範風險的先手，也要有應對和化解風險挑戰的高招；既要打好防範和抵禦風險的有準備之戰，也要打好化險為夷、轉危為機的戰略主動戰，力爭不出現重大風險或在出現重大風險時扛得住、過得去。

預判風險所在是防範風險的前提，把握風險走向是謀求戰略主動的關鍵。要強化風險意識，常觀大勢、常思大局，科學預見形勢發展走勢和隱藏其中的風險挑戰，防患於未然、防患於萌發之時。要加強對各種風險源的調查研判，提高動態監測、實時預警能力。

必須積極主動、未雨綢繆，見微知著、防微杜漸，做好應對任何形式的矛盾風險挑戰的準備，做好經濟上、政治上、文化上、社會上、外交上、軍事上各種鬥爭的準備。在戰術上要高度重視和防範各種風險，早作謀劃，及時採取應對措施，盡可能減少其負面影響。要提高風險化解能力，透過複雜現象把握本質，抓住要害、找準原因，果斷決策，善於引導群眾、組織群眾，善於整合各方力量、科學排兵佈陣，有效予以處理。

高度重視並及時阻斷不同領域風險的轉化通道，避免各領域風險產生交叉感染。要聚焦重點，抓綱帶目，著力防範各類風險挑戰內外聯動、累積疊加，不斷提高國家安全能力。推進風險防控工作科學化、精細化，對各種可能的風險及其原因都要心中有數、對症下藥、綜合施策，出手及時有力，力爭把風險化解在源頭，不讓小風險演化為大風險，不讓個別風險演化為綜合風險，不讓局部風險演化為區域性或系統性風險，不讓經濟風險演化為社會政治風險，不讓國際風險演化為國內風險。

4. 把防範化解重大風險工作做實做細做好

(99) 我們要打贏防範化解重大風險攻堅戰，必須堅持和完善中國特色社會主義制度、推進國家治理體系和治理能力現代化，運用制度威力應對風險挑戰的衝擊。發展環境越是嚴峻複雜，越要堅定不移深化改革，健全各方面制度，完善治理體系，促進制度建設和治理效能更好轉化融合。

健全風險防範化解機制，堅持從源頭上防範化解重大安全風險，真正把問題解決在萌芽之時、成災之前。強化憂患意識，提高政治警覺，增強工作預見性，不斷創新理念思路、體制機制、方法手段。要統籌推進市場監管、質量監管、安全監管、金融監管，加快建立全方位、多層次、立體化監管體系，實現事前事中事後全鏈條全領域監管，堵塞監管漏洞。對直接關係人民群眾生命財產安全、公共安全，以及潛在風險大、社會風險高的重點領域，要實施重點監管，防範化解重大風險。

(100) 防範化解重大風險，是各級黨委、政府和領導幹部的政治職責，要勇於擔責、善於履責、全力盡責，把防範化解重大風險工作做實做細做好。領導幹部要有草搖葉響知鹿過、松風一起知虎來、一葉易色而知天下秋的見微知著能力，對潛在的風險有科學預判，知道風險在哪裏，表現形式是什麼，發展趨勢會怎樣，該鬥爭的就要鬥爭。既要高度警惕和防範自己所負責領域內的重大風險，也要密切關注全局性重大風險。對可能發生的各種風險，各級黨委和政府要增強責任感和自覺性，把自己職責範圍內的風險防控好，不能把防風險的責任都推給上面，也不能把防風險的責任都留給後面，更不能在工作中不負責任地製造風險。必須增強謹慎之心，對風險因素要有底線思維，對解決問題要一抓到底，一時一刻不放鬆，一絲一毫不馬虎。要保持戰略定力、堅持久久為功、堅持底線思維，充分考慮困難和問題，做好應對最壞情況的準備，發揚釘釘子精神，積小勝為大勝，一步一個腳印向前邁進，堅決防範各種風險特別是系統性風險。

九、堅持推進國際共同安全

—— 關於新時代國家安全的大國擔當

1. 統籌自身安全和共同安全

(101) 實現中華民族偉大復興，不僅需要安定團結的國內環境，而且需要和平穩定的國際環境。當前，人類社會面臨的治理赤字、信任赤字、發展赤字、和平赤字有增無減，實現普遍安全、促進共同發展依然任重道遠。安全問題的聯動性、跨國性、多樣性更加突出。要堅持以全球思維謀篇佈局，引導國際社會共同塑造更加公正合理的國際新秩序，共同維護國際安全，為我國改革發展穩定營造良好外部環境。

全球性威脅和挑戰需要全球性應對。安全問題早已超越國界，任何一個國家的安全短板都會導致外部風險大量湧入，形成安全風險窪地；任何一個國家的安全問題積累到一定程度又會外溢成為區域性甚至全球性安全問題。各國應該堅定奉行雙贏、多贏、共贏理念，在謀求自身安全時兼顧他國安全，努力走出一條互利共贏的安全之路。

(102) 中國堅定不移走和平發展道路，既通過維護世界和平發展自己，又通過自身發展維護世界和平。走和平發展道路，是我們黨根據時代發展潮流和我國根本利益作出的戰略抉擇，不是權宜之計，更不是外交辭令，而是從歷史、現實、未來的客觀判斷中得出的結論，是思想自信和實踐自覺的有機統一。

中國不認同"國強必霸"的陳舊邏輯。中華民族的血液中沒有侵略他人、稱王稱霸的基因。一些人渲染"中國威脅論"，這或者是對中國歷史文化和現實政策不了解，或者是出於一種誤解和偏見，或者是有著某種不可告人的目的。中國從一個積貧積弱的國家發展成為世界第二大經濟體，靠的不是對外軍事擴張和殖民掠奪，而是人民勤勞、維護和平。

中國走和平發展道路，其他國家也都要走和平發展道路，只有各國都走和平發展道路，各國才能共同發展，國與國才能和平相處。中國決不會以犧牲別國利益為代價來發展自己，也決不放棄自己的正當權益，任何人不要幻想讓中國吞下損害自身利益的苦果。

2. 推動樹立共同、綜合、合作、可持續的全球安全觀

(103) "明者因時而變，知者隨事而制。"靠冷戰思

維，以意識形態劃線，搞零和遊戲，既解決不了本國問題，更應對不了人類面臨的共同挑戰。只有基於道義、理念的安全，才是基礎牢固、真正持久的安全。要倡導共同、綜合、合作、可持續安全的新理念，走出一條共建、共享、共贏的安全新路。

共同，就是要尊重和保障每一個國家安全。安全應該是普遍的，不能一個國家安全而其他國家不安全，一部分國家安全而另一部分國家不安全，更不能犧牲別國安全謀求自身所謂絕對安全。安全應該是平等的，各國都有平等參與國際和地區安全事務的權利，也都有維護國際和地區安全的責任。安全應該是包容的，應該恪守尊重主權、獨立和領土完整、互不干涉內政等國際關係基本準則，尊重各國自主選擇的社會制度和發展道路，尊重並照顧各方合理安全關切。

綜合，就是要統籌維護傳統領域和非傳統領域安全。要通盤考慮安全問題的歷史經緯和現實狀況，多管齊下、綜合施策，協調推進安全治理。既要著力解決當前突出的地區安全問題，又要統籌謀劃如何應對各類潛在的安全威脅，避免頭痛醫頭、腳痛醫腳。

合作，就是要通過對話合作促進各國和本地區安全。要通過坦誠深入的對話溝通，增進戰略互信，減少相互猜疑，求同化異、和睦相處。要著眼各國共同安全利益，從低敏感領域入手，積極培育合作應對安全挑戰的意識，不斷擴大合作領域、創新合作方式，以合作謀和平、以合作促安全。

可持續，就是要發展和安全並重以實現持久安全。貧瘠的土地上長不成和平的大樹，連天的烽火中結不出發展的碩果。放眼世界，可持續發展是各方的最大利益契合點和最佳合作切入點，是破解當前全球性問題的"金鑰匙"。要堅持發展和安全並重，以可持續發展促進可持續安全。

3. 完善全球安全治理體系

(104) 當今世界仍不太平，國際熱點此起彼伏，加強全球安全治理刻不容緩。要高舉合作、創新、法治、共贏的旗幟，推動全球安全治理體系朝著更加公平、更加合理、更加有效的方向發展。堅持合作共建，實現持久安全。大國具備更多資源和手段，應該發揮好自己的作用，同時要支持和鼓勵其他國家特別是廣大發展中國家廣泛平等參與全球安全治理，努力為各國人民創造持久的安全穩定環境。堅持改革創新，實現共同治理。不斷提高全球安全治理的整體性和協同性，提升安全治理效能，提高預測預警預防各類安全風險能力，增加安全治理的預見性、精準性、高效性。堅持法治精神，實現公平正義。對同一性質的安全問題，特別是反恐、難民、疫情等問題，不能根據本國眼前利益對別國採取截然相反的態度，不能搞雙重標準。堅持互利共贏，實現平衡普惠。必須擯棄唯我獨尊、損人利己、以鄰為壑等狹隘思維，只有堅持和平發展、攜手合作，才能真正實現共贏、多贏。

要更好利用國際體系的力量遏制單邊主義、保護主義、霸權主義、強權政治。世界只有一個體系，就是以聯合國為核心的國際體系。只有一個秩序，就是以國際法為基礎的國際秩序。只有一套規則，就是以聯合國憲章宗旨和原則為基礎的國際關係基本準則。各國應該堅決維護聯合國權威和地位，共同踐行真正的多邊主義。國際規則只能由聯合國一百九十三個會員國共同制定，不能由個別國家和國家集團來決定。國際規則應該由聯合國一百九十三個會員國共同遵守，沒有也不應該有例外。不能誰胳膊粗、拳頭大誰說了算，也不能以多邊主義之名、行單邊主義之實。"有選擇的多邊主義"不應成為我們的選擇。要繼續致力於推動國際關係民主化。在國際關係中動輒制裁或以制裁相威脅，無助於解決問題。要倡導通過對話和談判，以和平和政治方式解決分歧。要充分發揮聯合國及其安理會在止戰維和方面的核心作用。秉持共商共建共享理念，探索合作思路，創新合作模式，不斷豐富新形勢下多邊主義實踐。

要推動建設國際經濟金融領域、新興領域、周邊區域合作等方面的新機制新規則，推動建設和完善區域合作機制，加強國際社會應對資源能源安全、糧食安全、網絡信息安全、應對氣候變化、打擊恐怖主義、防範重大傳染性疾病等全球性挑戰的能力。面對仍在肆虐的新冠肺炎疫情，我們要堅持科學施策，倡導團結合作，彌合 "免疫鴻溝"，反對將疫情政治化、病毒標籤化，共同推動構建人類衛生健康共同體。面對恐怖主義等人類公敵，我們要以合作謀安全、謀穩定，共同紮好安全的 "籬笆"。面對脆弱的生態環境，我們要堅持尊重自然、順應自然、保護自然，共建綠色家園。面對氣候變化給人類生存和發展帶來的嚴峻挑戰，我們要勇於擔當、同心協力，共謀人與自然和諧共生之道。

4. 積極塑造外部安全環境

(105) 推動構建相互尊重、公平正義、合作共贏的新型國際關係，努力營造良好國際環境。要用好統一戰線這個法寶，團結大多數，搞好大聯合，不要四面出擊，不搞關門主義。要堅持對話而不對抗、包容而不排他，在堅持不結盟原則的前提下廣交朋友，形成遍佈全球的夥伴關係網絡。

　　大國關係事關全球戰略穩定。中國致力於推進大國協調合作，堅持構建總體穩定、均衡發展的大國關係。新時代中俄全面戰略協作夥伴關係動力十足、前景廣闊。中俄要深化反干涉合作，將各自國家前途命運牢牢掌握在自己手中。兩國作為具有全球影響的重要力量，要為捍衛國際公平正義、維護世界和平穩定、促進共同發展繁榮發揮中流砥柱作用。中美分別是最大的發展中國家和最大的發達國家，中美能否處理好彼此關係，攸關世界前途命運。中美相處應該堅持三點原則：相互尊重、和平共處、合作共贏。中美利益深度交融，合則兩利、鬥則俱傷。要堅持互利互惠，不玩零和博弈，不搞你輸我贏。中美兩國是兩艘在大海中航行的巨輪，我們要把穩舵，使中美兩艘巨輪迎著風浪共同前行，不偏航、不失速，更不能相撞。中歐作為全球兩大重要力量，要在相互尊重、公平正義、合作共贏基礎上攜手推進中歐和平、增長、改革、文明四大夥伴關係建設，共同致力於解決和平與發展的世紀難題，為維護世界和平穩定發揮關鍵性作用。

　　中國視周邊為安身立命之所、發展繁榮之基。我國同周邊國家毗鄰而居，開展安全合作是共同需要。按照親誠惠容理念和與鄰為善、以鄰為伴周邊外交方針，深化同周邊國家關係。通過和平方式處理同有關國家的領土主權和海洋權益爭端，支持對話協商解決地區熱點問題。中國參與創建亞洲相互協作與信任措施會議、上海合作組織、亞洲基礎設施投資銀行等多邊安全和發展機制，支持東盟、南盟、阿盟等發揮積極作用，為亞洲穩定和繁榮作出重要貢獻。要推進同周邊國家的安全合作，加強地區各項安全機制協調，逐步探討構建符合亞洲特點的地區安全合作新架構，著力維護周邊和平穩定大局。

廣大發展中國家是我國在國際事務中的天然同盟軍。中國秉持正確義利觀和真實親誠理念加強同發展中國家團結合作，堅定不移致力於提高發展中國家在國際治理體系中的代表性和發言權，堅定支持廣大發展中國家維護自身主權、安全、發展利益的正義鬥爭。

5. 共同構建普遍安全的人類命運共同體

(106) 人類是一個整體，地球是一個家園。任何人、任何國家都無法獨善其身。實現各國共同安全，是構建人類命運共同體的題中應有之義。新冠肺炎疫情的發生再次表明，人類是一個休戚與共的命運共同體。國際社會必須守望相助，攜手應對風險挑戰，共建美好地球家園。

世界上的問題錯綜複雜，解決問題的出路是維護和踐行多邊主義，推動構建人類命運共同體。我們應該大力弘揚和平、發展、公平、正義、民主、自由的全人類共同價值，共同為建設一個更加美好的世界提供正確理念指引。推動構建人類命運共同體，不是以一種制度代替另一種制度，不是以一種文明代替另一種文明，而是不同社會制度、不同意識形態、不同歷史文化、不同發展水平的國家在國際事務中利益共生、權利共享、責任共擔，形成共建美好世界的最大公約數。

大道至簡，實幹為要。構建人類命運共同體，關鍵在行動。習近平總書記提出構建全球發展共同體、安全共同體、網絡空間命運共同體、核安全命運共同體、人類衛生健康共同體、人與自然生命共同體、海洋命運共同體等倡議。中國在辦好自己事情的同時，始終認真履行自己的責任，遵守國際規則，履行國際義務，積極參與並倡導國際安全合作和全球安全治理，為世界和平與發展不斷貢獻中國智慧、中國方案、中國力量。

(107)"一帶一路"建設是推動構建人類命運共同體的重要實踐平台。促進互聯互通、堅持開放包容，是應對全球性危機和實現長遠發展的必由之路，共建"一帶一路"國際合作可以發揮重要作用。在黨中央堅強領導下，我們統籌謀劃推動高質量發展、構建新發展格局和共建"一帶一路"，堅持共商共建共享原則，把基礎設施"硬聯通"作為重要方向，把規則標準"軟聯通"作為重要支撐，把同共建國家人民"心聯通"作為重要基礎，推動共建"一帶一路"高質量發展，取得實打實、沉甸甸的成就。

　　"一帶一路"源自中國，但屬於世界。我國是"一帶一路"的倡導者和推動者，但建設"一帶一路"不是我們一家的事。"一帶一路"建設不應僅僅著眼於我國自身發展，而是要以我國發展為契機，讓更多國家搭上我國發展快車，幫助大家實現發展目標。共建"一帶一路"是經濟合作倡議，不是搞地緣政治聯盟或軍事同盟；是開放包容進程，不是要關起門來搞小圈子或者"中國俱樂部"；是不以意識形態劃界，不搞零和遊戲。"一帶一路"是大家攜手前進的陽光大道，不是某一方的私家小路。所有感興趣的國家都可以加入進來，共同參與、共同合作、共同受益。我們願同合作夥伴一道，把"一帶一路"打造成團結應對挑戰的合作之路、維護人民健康安全的健康之路、促進經濟社會恢復的復蘇之路、釋放發展潛力的增長之路。通過高質量共建"一帶一路"，攜手推動構建人類命運共同體。

(108) 中國共產黨始終把為人類作出新的更大的貢獻作為自己的使命。站在新的歷史起點，中國將堅持走和平發展之路，始終做世界和平的建設者；堅持走改革開放之路，始終做全球發展的貢獻者；堅持走多邊主義之路，始終做國際秩序的維護者，推動建設持久和平、普遍安全、共同繁榮、開放包容、清潔美麗的世界，讓人類命運共同體建設的陽光普照世界！

深入學習貫徹總體國家安全觀
不斷開創新時代
國家安全工作新局面

(109) 思想是行動的先導，理論是實踐的指南。總體國家安全觀把我們黨對國家安全的認識提升到了新的高度和境界，為破解我國國家安全面臨的難題、推進新時代國家安全工作提供了根本遵循，是指導新時代國家安全工作的強大思想武器。

堅持用總體國家安全觀武裝頭腦、指導實踐、推動工作，是學習貫徹習近平新時代中國特色社會主義思想、全面推進新時代中國特色社會主義事業的必然要求，是堅持黨對國家安全工作的絕對領導、維護黨中央權威和集中統一領導的必然要求，是駕馭紛繁複雜國家安全形勢、提高全黨鬥爭本領和應對風險挑戰能力的必然要求。深入學習貫徹總體國家安全觀，對於戰勝前進道路上的一切風險挑戰，堅決維護我國主權、安全、發展利益，堅持和發展中國特色社會主義，具有十分重要的意義。

(110) 學習貫徹總體國家安全觀，要在學、思、用上下功夫，堅持原汁原味學、全面系統學、及時跟進學、深入思考學、聯繫實際學，做到學懂弄通做實。

要真學深學，做到學懂。帶著信念學、帶著感情學、帶著使命學，把每一點都領會到位、領會透徹，做到知其表更知其裏，知其言更知其義。要深刻認識總體國家安全觀的時代意義、理論意義、實踐意義、世界意義，深刻理解總體國家安全觀的核心要義、精神實質、豐富內涵、實踐要求、科學方法，深刻把握總體國家安全觀的"一個總體"和"十個堅持"，進一步提高政治站位、樹立歷史眼光、增強大局觀念、強化系統思維。

要多思多想，做到弄通。深入思考、全面理解、融會貫通，把總體國家安全觀放在習近平新時代中國特色社會主義思想的科學體系中，放在全面建設社會主義現代化國家、向第二個百年奮鬥目標進軍的新發展階段中，放在黨的十八大以來國家安全取得的歷史性成就、發生的歷史性變革中來學習、來領悟、來把握，同學習黨史、新中國史、改革開放史、社會主義發展史貫通起來，同新時代進行具有許多新的歷史特點的偉大鬥爭貫通起來，準確把握蘊含其中的理論邏輯、歷史邏輯、實踐邏輯，切實把思想和行動統一到黨中央關於國家安全工作的重大決策部署上來。

要學以致用，做到做實。堅持理論聯繫實際，胸懷兩個大局，牢記"國之大者"，緊密結合當前國家安全形勢和任務，把自己擺進去、把職責擺進去、把工作擺進去，常懷遠慮，居安思危，更加自覺地把總體國家安全觀貫徹落實到黨和國家工作大局中，貫徹落實到統籌發展和安全、構建新安全格局的偉大實踐中，貫徹落實到堅決打好防範化解重大風險攻堅戰中，貫徹落實到推進國家安全體系和能力現代化的創新探索中，一茬接著一茬幹，一以貫之抓落實，一張藍圖繪到底，切實把學習成果轉化為推進國家安全工作的實際成效。

(111) 突出抓好領導幹部這個"關鍵少數"。各級領導幹部是維護國家安全的中堅力量，是國家安全戰略和任務的主要組織者、實施者，必須以更高標準、更嚴要求、更實舉措深入學習貫徹總體國家安全觀，不斷提高政治判斷力、政治領悟力、政治執行力，自覺做總體國家安全觀的堅定信仰者、模範踐行者、忠實捍衛者，做到守土有責、守土負責、守土盡責。要切實履行好組織推動學習貫徹的領導責任，充分發揮帶學促學作用，以上率下、率先垂範，先學一步、學深一層，組織落實好本地區本部門的學習教育，一級抓一級，層層抓落實，推動總體國家安全觀學習貫徹走深走實走心。

國家安全一切為了人民、一切依靠人民。強化人民群眾的國家安全意識，是國家安全的固本之策和長久之計。要堅持集中性宣傳教育與經常性宣傳教育相結合，創新內容、方式和載體，開展人民群眾喜聞樂見的宣傳教育活動，營造國家安全人人有責的濃厚氛圍，引導廣大人民群眾認真學習貫徹總體國家安全觀，增強國家安全意識，牢記國家安全責任，提升維護國家安全能力，築牢維護國家安全的鋼鐵長城。

青年是實現中華民族偉大復興的先鋒力量。維護國家安全需要一代代青年接續奮鬥。要堅持不懈用總體國家安全觀武裝青年頭腦，引導廣大青年樹立對中國特色國家安全道路的堅強信念，堅定正確政治方向；引導廣大青年增強憂患意識，切實擔負起維護國家安全的歷史責任；引導廣大青年在維護國家安全的宏偉實踐中發揮生力軍作用，書寫人生華麗篇章。

深入學習貫徹總體國家安全觀，是一項長期的政治任務，必須持續推進、不斷深化，鍥而不捨、久久為功。要精心謀劃、周密部署，多措並舉、落細落實，把總體國家安全觀作為各級黨委(黨組)理論學習中心組學習重點內容、列入黨校(行政學院)和幹部學院重點課程，把學習貫徹延伸到基層、拓展到各個單位、覆蓋到廣大幹部群眾，真正把總體國家安全觀參悟透、領會準，不斷強化深入學習貫徹總體國家安全觀的思想自覺、理論自覺、行動自覺。

(112) 當今世界百年未有之大變局加速演進，我國正處在實現中華民族偉大復興的關鍵時期，面臨許多難關和風險挑戰，維護國家安全的任務艱巨、責任重大、使命光榮。我們要堅定鬥爭意志、永葆鬥爭精神、講究鬥爭策略、加強鬥爭歷練、增強鬥爭本領，逢山開道、遇水架橋，勇於戰勝一切風險挑戰，牢牢掌握新時代國家安全工作的主動權。

全黨全國人民要更加緊密地團結在以習近平同志為核心的黨中央周圍，全面貫徹落實總體國家安全觀，牢記初心使命，勇於擔當作為，毫不動搖堅持黨對國家安全工作的絕對領導，堅定不移走中國特色國家安全道路，為實現第二個百年奮鬥目標、實現中華民族偉大復興的中國夢提供堅強保障！